名师名校名校长

凝聚名师共识

回应名师关怀

打造名师品牌

培育名师群体

玩转AI

人工智能教育应用

主 编 古兴东　　副主编 王讲春

陕西师范大学出版总社　西安

图书代号　JY24N2562SY

图书在版编目（CIP）数据

玩转AI：人工智能教育应用 / 古兴东主编.
西安：陕西师范大学出版总社有限公司，2024. 12.
ISBN 978-7-5695-5162-4

Ⅰ．G40-03

中国国家版本馆CIP数据核字第2025KD0759号

玩转AI——人工智能教育应用
WANZHUAN AI —— RENGONG ZHINENG JIAOYU YINGYONG

古兴东　主编

出 版 人	刘东风
出版统筹	杨　沁
特约编辑	李东震
责任编辑	刘锋利
责任校对	秦　云
封面设计	言之凿
出版发行	陕西师范大学出版总社
	（西安市长安南路199号　　邮编 710062）
网　　址	http://www.snupg.com
印　　刷	北京政采印刷服务有限公司
开　　本	710 mm×1000 mm　　1/16
印　　张	16.5
字　　数	268千
版　　次	2024年12月第1版
印　　次	2024年12月第1次印刷
书　　号	ISBN 978-7-5695-5162-4
定　　价	58.00元

读者使用时若发现印装质量问题，请与本社联系、调换。
电话：（029）85308697

编委会

主编介绍

古兴东

广东省中小学智慧教育应用名师团负责人，深圳市教师信息技术应用能力提升工程2.0专家库成员，深圳市小学信息技术兼职教研员，深圳市名师工程骨干教师，龙华区学科带头人工作室主持人、龙华区学科特色（人工智能）工作室主持人，深圳市龙华区鹭湖外国语小学高级教师、副校长。参与广东省小学《信息技术》三册教材编写和深圳市人工智能数字课程开发，主编的校本课程被评为深圳市好课程。

副主编介绍

王讲春

全国智慧教育项目校长导师团成员，全国艺术教育先进工作者，深圳市十佳校长，宝安区数学学科带头人，龙华区名校长工作室主持人，龙华区教育工作突出贡献奖获得者，深圳市龙华区鹭湖外国语小学党总支书记、校长。在国家、省、市级刊物发表20余篇教研成果，主持多项国家、省、市级重点课题。

前　言

随着科技的飞速进步，人工智能（AI）技术已经逐渐渗透到我们生活的方方面面，教育领域也不例外。面对这一变革的浪潮，作为一线教师，我们如何把握机遇，让AI技术更好地服务于教育，赋能师生，是一个值得深思的问题。正是在这样的背景下，本人在学校的大力支持下，带领工作室团队的成员，深入探索，编写了《玩转AI——人工智能教育应用》这本书，旨在为广大教师、学生以及管理者提供一本全面、实用的人工智能实践案例，促进AI在教育领域的应用。

本书分为三篇。第一篇是"人工智能应用介绍"，介绍了各类AI软件（包含App、网络平台、小程序等）、硬件在教育领域中的应用；第二篇是"人工智能教学实践"，探索AI在信息科技，以及英语、科学、体育等学科教学中的应用；第三篇是"人工智能创新设计"，展示师生设计的一些AI创客作品和创意编程。每一篇都紧扣AI在教育中的实际应用，力求让读者能够深入地了解AI教育应用情况。

第一篇"人工智能应用介绍"是本书的技术应用部分，属于入门篇，旨在引导读者初步了解并熟悉AI软件及硬件的应用，分为"学科应用、教学服务、教育管理"三章，共有37篇，介绍了160多种人工智能技术软件或硬件的应用。第一章为"学科应用"，介绍AI技术在语文、数学、英语、科学、体育、美术、音乐、信息技术、心理等不同学科领域中的应用，帮助读者理解AI如何助力学科应用；第二章为"教学服务"，重点关注为教师教学赋能，介绍如何利用AI技术促进教学，提升效率；第三章为"教育管理"，聚焦于学校和教育机构的管理层面，探讨AI技术在提高管理效率、优化资源配置等方面的作用。

每个技术工具的介绍，又从三个方面进行说明。一是"简介：WHAT？是什么？"主要说明AI技术应用的基本概念。二是"意义：WHY？为什么要用？"重点介绍技术应用所起到的主要作用，说明应用的意义。三是"案例：WHERE？哪里有用？"具体介绍了若干种人工智能App、网络平台、小程序等软件或硬件的应用案例，让读者有更深的了解。

第二篇"人工智能教学实践"是本书的教学应用部分，属于实践篇，深入探讨了AI在课堂教学中的应用，分为"人工智能概述、机器感知、表示与推理、机器学习、人机交互、伦理与社会"六章，共有19篇教学应用案例，有一些是市级、区级公开课，也有一些是工作室送教、共同体研讨课例。其中"人工智能概述"一章主要介绍了AI的基本概念和发展历程，为后续的学习打下基础；"机器感知、表示与推理、机器学习"三章分别介绍了所涉及的主要AI技术应用及工作原理；"人机交互"一章则聚焦于各类人工智能技术的交互应用，探索人工智能与学科的融合；"伦理与社会"一章则引导读者思考AI技术对社会、伦理等方面的影响，培养正确的科技观和价值观。

第三篇"人工智能创新设计"是本书的创新应用部分，属于提升篇，通过展示一系列创新设计作品，激发读者的创造力和想象力，分为"创客作品、创意编程"两章。其中，"创客作品"主要介绍的是利用各类设备、器材创作的AI创客类作品，均是教师创客团队参加深圳市历届教师创客马拉松比赛的作品，让读者能够体验AI技术的魅力；"创意编程"一章聚焦于编程领域，展示一些学生利用AI编程技术实现的创意编程作品，均在广东省或深圳市的比赛中获奖，让读者能够了解一些编程创新作品。例如，"我的AI学伴——艾鹭App"获广东省2024年粤澳学生信息科技创新大赛计算思维项目一等奖第一名。

本书由本人带领工作室成员，历时一年多完成。在编写本书的过程中，我们力求做到内容全面、实用性强、案例丰富。本人作为主持人，发挥带头作用，深入探索应用，其中在第一篇"人工智能应用介绍"中介绍了18篇AI应用案例；第二篇"人工智能教学实践"中设计了7篇教案；第三篇"人工智能创新设计"提供了2个创新案例，合计27个AI应用案例，总撰写字数近7万字。本书中其他的19篇应用案例、12篇教学设计、5个创新案例为工作室成员完成。希望通过这本书，能够为广大读者提供一个全面了解AI教育应用的窗口，激发大家对AI技术的兴趣和热情，共同推动AI技术在教育领域的发展和应用。一起玩转AI，探索人工智能教育应用，共创美好未来！

最后，特别感谢工作室的导师——深圳市龙华区鹭湖外国语小学党总支书记、校长王讲春的大力支持及细心指导；也感谢深圳市龙华区古兴东学科带头人工作室和深圳市龙华区古兴东学科特色（人工智能）工作室的伙伴们能积极参与AI探索，利用空余时间完成内容，所以历时较长；也谢谢出版单位及编辑人员的认真负责，还有其他为本书提供支持和帮助的所有人员。正是在大家的辛勤付出下，使这本书得以顺利出版。也衷心希望广大读者能够喜欢这本书，并从中获得启发和收获。

因时间、能力有限，还有实践经验不足，而且AI技术也在飞速发展，本书可能存在一些疏漏之处，敬请读者多多指正。共同推进人工智能技术在教育中的应用。

古兴东

2024年10月4日 于深圳龙华

目 录

第一篇　人工智能应用介绍

第二篇　人工智能教学实践

第三篇 人工智能创新设计

第一篇
人工智能应用介绍

第一章　学科应用

AI助我学语文

深圳市龙华区龙腾学校　邓银珍

一、简介：WHAT？是什么？

AI学语文是指利用人工智能（Artificial Intelligence，简称AI）技术来辅助、增强或改进语文学习的过程。它结合了计算机科学、语言学、教育学等多个领域的知识，通过开发各种智能工具和平台，为学生提供个性化的学习资源和路径，使语文学习更加高效、有趣和具有互动性，旨在帮助学生更好地掌握语文知识和技能，提升语文学习的效果和质量。

二、意义：WHY？为什么要用？

市面上的智能语文App，涵盖了小学、初中、高中各个学段的理论知识，涵盖了各个年级的语文学习内容，包括汉字、词语、语法、阅读、写作等多个方面，帮助学生打好语文基础，提高语言表达能力。

（一）个性教学，因材施教

智能讲授功能通过AI分析学生的学习数据，动态调整教学内容和节奏，确保教学与学生的实际需求相匹配。这种方法利用现有的学习管理系统（LMS）和数据分析工具，帮助教师实现个性化教学。

（二）实时互动，理解应用

互动问答功能利用AI聊天机器人，为学生提供课后问答练习，增强学生对语文知识点的理解和应用能力。这种方法通过自然语言处理（NLP）和机器学习技术，实现与学生的实时互动。

（三）智能练习，查漏补缺

智能练习功能通过AI系统自动生成个性化的练习题库，针对性地强化学生的薄弱环节，并提供即时反馈。这种方法通过智能分析学生的练习表现，实现精准教学。

（四）情感分析，提升能力

情感朗读功能利用AI语音分析技术，评估学生的朗读情感和语音准确性，提供改进朗读技巧的建议。这种方法通过分析学生的语音数据，帮助学生提升朗读表现。

虽然智能语文App具有诸多优势，但学校教育仍然不可替代。特别是在育人方面，涉及情感的渲染、人格魅力的学习。因此，智能App和学校教育应该相互补充，共同帮助学生学好语文。

三、案例：WHERE？哪里有用？

（一）人教点读应用

人教点读App以教材为核心，有效夯实基础知识，同步拓展课外知识，启发学习兴趣，提升学习成效，同时方便家长进行课业辅导。人教点读App入选国家2020年数字出版精品遴选推荐计划。

该软件拥有海量的学习资源，涵盖了小学、初中、高中各个年级的语文课本内容，满足不同年龄段学生的学习需求。如果能合理利用人教点读App，相当于请了一个专职的语文家庭教师。

（二）新华字典应用

它是一款便捷的字典工具，为用户提供全面、准确的汉字释义和拼音、部首、笔画等详细信息。用户可以通过搜索栏输入汉字或拼音，快速查找所需内容。还支持手写输入，方便用户快速查找生僻字。界面设计简洁明了，操作简单易懂，是学习汉语必备的工具之一。

（三）帮帮识字应用

帮帮识字是一款趣味自主认字启蒙App，适用于上小学前的孩子学习语文，鼓励孩子在互动中自主学习，在趣味中主动认字。该App内精选1300个常用字，通过科学系统的内容设计，在生活化场景中激发孩子自主、轻松、高效掌握生字，逐步实现自主阅读；对汉字进行形义溯源，用优美的声画制作对汉字进行形象化演绎，让孩子真正感知汉字的文化魅力。

（四）语文100分应用

这是一款支持全国小学语文课文朗读、听写的语文学习软件，涵盖阅读、听力、写作等多样化的学习方式，帮助学生提高语文综合能力。旨在帮助家长和孩子课后听写、预习及复习，快速提升孩子自主学习能力。

该软件中有各个年级的语文学习内容、丰富的阅读材料和写作范文，让学生在学习过程中不断地提升自己的语文水平。它还支持实时记录学习进度和评估学习成果，方便学生和家长随时了解学习情况。

（五）出口成章应用

它是一款帮助用户提高口语表达能力的应用软件。通过提供各种类型的口语练习题目，如演讲、辩论、口语表达等，以及名人演讲、公开课等高质量的学习资源，帮助用户提升口语水平和表达能力。它还支持实时录音和智能评估功能，让用户能够更好地了解自己的口语水平和不足之处。

AI写作

深圳市龙华区龙华中心小学　肖友花

一、简介：WHAT？是什么？

AI写作，即人工智能写作，是近年来随着人工智能技术的飞速发展而兴起的一种新型创作方式。它利用机器学习、自然语言处理（NLP）等先进技术，使计算机能够模拟人类的写作过程，生成高质量、富有创意的文本内容。

AI写作依赖于强大的算法和大数据处理能力。通过训练大规模的语言模型，AI能够学习并理解人类语言的复杂性和多样性，进而生成符合语法规则、逻辑清晰，甚至具备一定情感色彩的文本。流程通常包括数据收集、模型训练、内容生成和后期优化四个步骤。首先，AI需要收集大量的文本数据作为学习材料；其次，利用这些数据训练语言模型，使其掌握语言的规律和特点；再次，根据特定的指令或模板，生成相应的文本内容；最后，通过人工或自动的方式对生成的文本进行优化和调整，以确保其质量和准确性。

二、意义：WHY？为什么要用？

（一）提高效率

AI写作能够快速地生成大量文本内容，极大地提高写作效率。对于需要处理大量重复性写作任务的人来说，AI写作无疑是一个强大的助手。

（二）降低成本

相比雇用专业的写手或编辑团队，使用AI写作可以显著降低内容生产的成本。这对于预算有限的企业或个人来说，具有极大的吸引力。

（三）激发创意

虽然AI写作本身并不具备真正的创造力，但它能够基于已有的知识和数据进行创新性的组合和排列，从而生成新颖独特的文本内容。这对于需要不断寻找新灵感和创意的创作者来说，是一种有益的补充。

（四）个性服务

AI写作可以根据个人的需求和偏好，生成个性化的文本内容。这种个性化的服务不仅提升了使用者的体验，还为使用者带来了不同的个性服务。

三、案例：WHERE？哪里有用？

（一）讯飞绘文

讯飞绘文是一个集AI写作、选题、配图、排版、润色、发布等功能于一体的智能创作平台。通过AI技术，讯飞绘文能够自动生成题目、内容、图片等，极大地提高了内容创作的效率和质量。

利用先进的自然语言处理技术，讯飞绘文能够生成符合语法规则、逻辑清晰的文本内容。支持通用稿件和深度稿件的快速生成，满足不同场景下的写作需求。提供热点实时捕捉功能，帮助创作者快速获取创作灵感。智能生成标题，提升内容的吸引力和传播效果。

此外，还能自动为文本内容匹配精准的配图，实现图文并茂的呈现效果。支持多种风格的图片选择，满足不同的审美需求。提供多种排版模板，可以根据需求选择合适的模板进行排版。

登录讯飞星火平台，选择"讯飞绘文"，有自由主题创作、实时热点创作两种模式。默认为"自由主题创作"，输入主题就可以进行智能创作。AI创作的内容不但有一定的故事情境，而且还对这个故事进行适当的小结，并对未来提出一些见解。

（二）文心一言"创意写作"

文心一言是一款智能写作工具，通过深度学习技术，它能够分析海量文本数据，学习各种语言模式和表达方式，进行高质量的文本创作。"创意写作"是一个结合了人工智能（AI）与自然语言处理技术的创新写作平台，旨在提供高效、便捷且富有创意的写作体验，不仅能够快速生成文稿，还能够提供多样化的创意灵感和风格选择。

登录文心一言平台，只需直接在下面的输入框中输入关键词或主题，便能迅速生成高质量的初稿。支持批量写作，可以通过上传包含关键词和要求的文本文件，自动生成多篇文稿，极大地提高了创作效率。如果不满意，可以重新生成。甚至还可以智能配图，或者继续写让故事更有趣等。

也可以选择"一言百宝箱"，点击"场景"，选择"创意写作"，可以看到有探险小说、科幻剧本、儿童故事等供选择。可以对创作的故事进行设定，包括主题、情节等。例如，完成一篇引人入胜、奇幻生动的超短篇小说，要求情节跌宕起伏、有明显的冲突等。输入完成后，点击"✈"按钮，就可以看到最后智能创作的内容。

（三）Kimi"长文生成器"

Kimi"长文生成器"是一款基于人工智能技术的写作工具，具有超长文本处理能力。允许通过简单的提示词或指令，快速生成内容丰富、逻辑严谨的长篇文章。不仅适用于小说、散文等文学创作，还可以用于撰写论文、报告等多种类型的文档。通过优化提示词，可以显著提高输出长文的能力，生成更加符合期望的文章。

打开Kimi网络平台，输入主题内容，就可以智能生成有一定故事情境的内容。拖动滚动条，可以查看智能创作的完整故事内容。还可以选择复制，或再试一次，也支持分享，以及选择不同角度继续故事创作。还可以点击左边的"⊛"按钮，选择"长文生成器"进行长文创作。

（四）豆包AI写作

豆包人工智能写作是一款智能写作工具，它利用深度学习和自然语言处理技术，能够模拟人类的写作思维和表达方式，生成高质量的多种文本类型的内容，包括新闻稿、报告、故事、诗歌、散文等；可以根据实际需求选择合适的文本类型进行生成。

打开豆包网络创作平台，在最下面的文本框中输入主题内容，点击生成按钮，即可智能生成内容，最后可以选择在故事中增加一些和AI手环互动的细节，或选择其他内容。在生成文本时，能够根据要求生成不同语言风格的文本，既可以是正式的、严肃的官方语言，也可以是贴近生活的、通俗易懂的生活化语言。

数学智能批改及搜题

深圳市龙华区鹭湖外国语小学　张菲菲

一、简介：WHAT？是什么？

智能批改及搜题App是基于人工智能技术的数学作业批改工具。它通过三个严谨的步骤，即检测、识别与批改，实现了对各种数学题型的全面覆盖。在检测阶段，系统具备高度敏感的图像识别能力，能够精确地定位到图片中的各种数学题型，包括普通算式、分数计算、单位换算等基本题型，以及竖式、脱式、解方程等进阶题型。同时，它还能够识别各种口算衍生题型，如表格题、填空题、选择题、判断题及应用题等。

在识别阶段，该类型App运用了先进的深度学习算法，能够对用户作答的内容进行精确的识别。这种算法通过大量的数据训练，能够理解各种数学符号和表达式的含义，从而准确地判断出用户的答案是否正确。

除了拍照批改作业之外，此类App还提供了丰富的数学练习功能。其中包括口算手写练习和听算练习等模块。这些功能不仅能够帮助学生巩固所学知识，提高解题技巧，还能够培养他们的思维能力。特别是在听算练习中，学生需要根据听到的题目进行口算，这种训练方式能够有效地提高学生的注意力集中度和听力理解能力。

二、意义：WHY？为什么要用？

这方面的软件适合于不同年龄段的学生，让学生可以随时在线进行数学计算练习，有各种各样的数学题型，并且能够通过拍照检查等功能快速对手写习题进行批改并给予即时反馈，主要有以下六项功能。

（一）拍照检查，秒判对错

只需对练习拍照，一秒就能判断对错，并进行针对性的分析辅导，让学生"知错能改"。

（二）多种题型，准确批改

支持口算题、竖式计算、单位换算、选择题、判断题、应用题、填空题等题型的检查，准确率高。

（三）动画课程，轻松学习

动画课程覆盖各年级数学知识点，画质精美、轻松有趣，让学生快乐学数学。

（四）口算练习，手写作答

口算题目覆盖小学各年龄段学生，其中口算、竖式及单位换算均可手写作答。

（五）海量题库，自由打印

题库紧贴教学大纲，题型知识点覆盖全面，轻松获取海量题库，一键打印，随时练习。

（六）错题收集，针对性练习

自动收集错题，让学生更有针对性地练习，快速突破数学难点、易错点。

三、案例：WHERE？哪里有用？

（一）小猿口算

小猿口算是一款帮助家长、老师减轻作业检查负担的学习工具类App，可通过拍照实现一秒检查小学作业，目前已全面覆盖小学阶段数学、语文、英语等学科各种题型。

1. 拍照检查：安装好App后，对着练习册点击"拍照检查"按钮，就可以出现批改结果，绿框代表正确，红框代表错误。

2. 在线练习&文档打印：小猿口算还可以进行口算练习的出题，家长和老师可以针对某一类型的口算题目，随机选择题量进行出题，学生可以在手机上直接手写作答，也可以将App上出好的题目生成文档打印出来。

3. 错题巩固：针对学生在练习过程中出现的错误题目，小猿口算App提供了错题巩固功能，系统会自动将错误题目收入错题本，学生可以随时查看、复习，以加强记忆。此外，家长和老师也可以通过App查看学生的错题情况，便于掌握学生的学习进度。

4. 实时统计：小猿口算App实时统计了学生的练习情况，包括正确率、做题速度等方面。家长和老师可以通过这些数据了解学生的学习效果，为学生制订更有效的学习计划。同时，学生也可以通过查看个人统计数据，了解自己的优势和劣势，调整学习方法，提高学习效率。

5. 互动交流：为了增加学习的趣味性和互动性，小猿口算App设置了互动交流功能。学生可以在App内与同学、老师进行讨论，分享学习心得和经验。此外，家长和老师还可以通过App发布课堂通知、布置作业，方便师生之间沟通与交流。

6. 智能推荐：小猿口算App根据学生的学习情况，为学生推荐合适的练习题目。系统会根据学生的年级、学科、知识点掌握程度等因素，为学生量身定制练习计划，帮助学生巩固知识点，提高学习成绩。

7. 安全保障：小猿口算App重视用户隐私和安全，严格遵循相关法律法规，保障用户数据安全。同时，App还提供了家长监控功能，家长可以查看孩子的学习情况，确保孩子在学习过程中不会受到不良信息的影响。

总结：

小猿口算App凭借其丰富的功能和便捷的操作，成为家长和老师的好帮手。通过拍照检查、在线练习、文档打印、错题巩固等功能，有效地提高了学生的学习效率。同时，实时统计、互动交流、智能推荐等功能，使学习过程更加有趣、高效。在保障用户安全的前提下，小猿口算App为家长、老师和孩子提供了一个全面、高效的学习平台。

（二）作业帮

作业帮运用人工智能、大数据等前沿技术，提供口算批改、练习等多样化的作业服务。2019年12月，通过教育部的备案审核，获得了教育App备案。

1. 口算批改：让学习变得更简单，更高效。家长们不再需要花费大量时间和精力去批改孩子的口算作业，只需要使用手机对口算题进行拍照，就能立即知道答案是否正确。这不仅大大提高了家长检查作业的效率，还能让学生更快地找到自己的错误并加以纠正。

这款口算批改工具不仅支持基础的加减乘除运算，还能处理复杂的数学问题，如有关分数、小数、百分数的问题等。它的智能识别技术能够快速准确地识别题目中的数字和运算符号，避免了手动批改时可能出现的疏漏和错误。

除了批改功能外，这款工具还提供了错题巩固功能。当学生做错题目时，这款工具会自动将错题记录下来，并提供相应的解题思路和正确答案。这样，学生就可以有针对性地进行复习和巩固，避免重复犯错，提高学习效果。

2. 练习：海量真题试卷，个性化推荐练习，智能分析薄弱点，同步复习全覆盖。全方位的学习疑难解答，针对每个学生的个性化需求，作业帮提供一对一在线辅导服务，不仅帮助学生理解复杂的概念，还能引导学生找到适合自己的学习路径。实时跟踪学生的学习进度，定期为学生提供学习反馈，让家长清楚地了解自己孩子的学习状况，及时调整学习策略。

3. 学习小工具：单词查询、计算器、语文作文、英语作文、古文助手等实用小工具众多，使学习更有效率。

（三）爱作业

爱作业App是一款专为小学数学作业设计的帮助工具，通过深度学习算法、模型和训练方法的研发与优化，它能够帮助家长和老师快速检查学生的作业，主要功能包括拍照识题、批量批改、视频讲解、练习及错题本等。

1. 拍照识题：用户可以通过手机拍摄数学作业，App会在一秒钟之内识别出哪些题目解答正确。

2. 批量批改：对于教师而言，该功能可以一次性拍摄全班的数学作业并完成批改，大大节省了时间和精力。

3. 视频讲解：针对答错的题目，App提供了详细的视频解析，帮助学生理解正确解法。

4. 练习：提供大量的口算和应用题练习，紧贴教学大纲，支持打印出来供孩子每日练习。

5. 错题本：将做错的题目收集起来，整理成个人的错题集，方便日后复习和针对性训练。

使用方法：打开App—拍照上传作业—查看批改结果—观看错题视频讲解。

智能翻译

深圳市龙华区鹭湖外国小学　古兴东

一、简介：WHAT？是什么？

智能翻译就是运用计算机语言学、人工智能和数理逻辑学科技术通过特定的计算机程序将一种书写形式、图像或声音形式的自然语言，翻译成另一种书写形式、图像或声音形式的自然语言，并通过机器、人和互联网构建出的智能生态系统。

使用平板电脑、手机、电脑、翻译笔等设备，借助一些智能翻译软件，通过语音交流、拍照识别、对话等形式，进行不同语言之间的智能翻译，实现与讲不同语言的人的互动交流。

区别于机器翻译主要针对文本处理，智能翻译涉及文本、语音和图像的综合技术，亦称多模态机器翻译，其核心技术有语音识别技术、图像识别、自然语言理解技术、机器翻译技术、语音合成技术等。

二、意义：WHY？为什么要用？

智能翻译的作用非常广泛，它可以极大地提高翻译效率和质量，减少人工翻译的成本和时间。主要有以下六个方面的作用。

（一）方便沟通交流

智能翻译能够实时地将一种语言转换为另一种语言，为人们在对外交流、出国（境）旅行、参加会议、教育学习等多个领域提供了一个快速、有效的语言沟通桥梁。这极大地减少了因语言障碍导致的沟通难题。即使英语不是很好，也不用担心交流问题了，可以通过智能翻译进行中文与其他语言的自动识别翻译，从而便捷地实现与外国友人进行对话交流。

（二）支持多语种翻译

智能翻译可以支持多种语言之间的翻译，除了英语外，也可以选择其他语言，如俄罗斯语、韩语、法语、西班牙语等外语，还可以选择粤语、藏语等地方语言。这使得智能翻译在跨文化交流中非常有用。

（三）提高翻译效率

智能翻译可以快速地处理大量的文本内容，与人工翻译相比，智能翻译在效率上具有明显优势，能更快地完成任务。这使得AI翻译在处理大量数据或需要快速响应的场景中非常有用，如旅行、会议、在线聊天等。即使交流书本的内容，也可以随时拍照翻译，同时能够在一定程度上保证翻译的准确性。

（四）辅助教育与学习

智能翻译对于语言学习者来说是一个宝贵的工具。它可以帮助学习者快速理解外语材料，提高语言学习效率。此外，智能翻译还提供发音示范、语法解析等功能，帮助学习者更全面地掌握外语知识。

（五）提高翻译质量

智能翻译通过深度学习和自然语言处理技术，可以学习大量的语言规则和语料库，从而生成更准确、更自然的翻译结果。此外，智能翻译还可以处理一些复杂的语言现象，如俚语、文化背景等，使翻译结果更加准确和地道。

（六）降低支付成本

智能翻译不需要支付人员工资和福利，可以24小时不间断地工作，因此可以大大降低翻译成本。这对于需要大量翻译服务的人来说，是一个巨大的优势。

虽然智能翻译具有诸多优势，但在某些情况下，人工翻译仍然不可替代。特别是在涉及高度专业化、情感表达或文化敏感性等方面，人工翻译仍然具有独特的优势。因此，智能翻译和人工翻译应该相互补充，共同为语言交流和发展做出贡献。

三、案例：WHERE？哪里有用？

（一）"有道翻译官"智能翻译应用

使用"有道翻译官"App，进行各国语言的智能翻译，支持中、英、日、韩、法、俄、西班牙等多种语言的离线翻译应用，在没有网络的情况下也能顺畅使用。同时可以进行摄像头翻译和拍照翻译功能，无需手动输入便可快速获取翻译结果。其更有丰富的例句参考，即使你的英文水平有限，也能轻松翻译出准确的英文。

打开"有道翻译官"App，最上面可以选择不同的语言进行切换，如"中文"转"英文"。有文本、语音翻译、拍译三种模式。选择文本模式，可以直接输入中文，智能翻译为英文。选择语音翻译模式，可以通过语音实现不同语言的互转，方便沟通。选择拍译模式后，可以将手机摄像头对准要拍摄的内容，注意要将拍摄的内容平行于参考线，以利于拍照翻译。如果拍摄的内容可以了，直接按最下面的拍照按钮，进行拍照翻译。拍照翻译又分为表情翻译、拍照翻译、取词三种模式。如果选择"取词"模式，可以看到出现长形选择框，可以对要翻译的个别词进行框选，点击"锁定单词"，显示智能翻译结果。

（二）"百度翻译"智能翻译应用

"百度翻译"能进行英、日、韩、西班牙、泰、法和阿拉伯等语言智能翻译，提供有网页、App、百度小程序等多种应用。除了文本、网页翻译外，也可以离线翻译、翻译同传、拍照翻译、AR翻译、对话翻译、实用口语、英语跟读等。

例如，打开百度翻译App，在主界面中最上面可以切换翻译的语言，设有取词、拍照、同传、对话等不同功能。选择中文翻译英语，点击对话模式。如：点击下面的"说中文"、SpeakEnglish按钮，分别说对应的语言，可实现中英对话翻译。

如果选择同传翻译模式，则可以直接进行语音识别，并自动翻译为对应的语言，如中文转英文。如果选择取词翻译模式，会出现长形选择框，可以选择要翻译的内容，就可以看到识别的结果，同时显示英式、美式读音，并显示自动翻译的内容。

选择拍照模式，将手机摄像头对准要翻译的内容，注意文本要平行于参考线，以利于拍照翻译。然后按最下面的拍照按钮，稍后会显示自动翻译的内容。还可以点击图片切换原图，甚至点击重拍，或者通过涂抹方式选择要翻译的内容，也可以选择对照方式。

还有实物翻译模式。将摄像头对准要翻译的物体，圈选后，点击"√"开始翻译。这时同步显示中文、英文，可以看到有多个识别结果，然后进行查看。还可以选择重拍或重涂。

（三）"微软翻译"智能翻译应用

"微软翻译"软件，可以进行多种国家语言的智能翻译。使用不同语言的人们在交流时通过自己智能设备上的微软翻译软件，即可完成语音翻译，这种交流还可以双人或者多人之间同时进行，实现即时对话翻译。

打开微软翻译App，有语音翻译、拍照翻译、文本翻译等形式可供选择。选择语音翻译，选择简体中文翻译英语模式，可以直接通过语音实现智能翻译。选择对话翻译，可以实现两个人直接对话翻译。在常用语手册中还有基本会话、住宿、餐饮等内容可供选择。选择拍照翻译，将摄像头对准要翻译的文本，点击拍摄，可显示翻译的结果。

（四）拍照翻译王

可以直接选择英语或其他国家语言，支持通过多种方式，将不同语言翻译成中文。可以通过自动检测语言，选择任意需要转换的语言，进行智能翻译。还可以通过语音直接进行翻译，实现英文翻译中文或中文翻译英文，方便交流。甚至直接进行多语言的互相翻译，支持多国或地区语言互转，如中文、粤语、文言文、英语、俄语等。

打开拍照翻译王App，选择拍照翻译，通过单击选择目标语言，可以通过图片上传或现场拍摄图片翻译。还可以选择文档上传进行翻译，支持Word、PPT、Excel等多种格式。

选择语言互译，有英文翻译中文、中文翻译英文、识别汉字等方式供选择，还可以选择俄语、葡萄牙语、法语等不同语言翻译中文。选择语音翻译的中文翻译英文模式，点击"开始录音"按钮，可以进行语音输入。停止录音后，点击最下面的"翻译"按钮，可以进行翻译。选择"语言互译"，可以选择不同的语言进行翻译。

（五）出国翻译官

出国翻译官是一款集成语音对话、拍照、文本翻译、真人实时视频翻译功能的应用。深度结合国内外各大主流实验室的语音识别技术、图像识别技术、神经网络机器翻译技术，帮助需要进行跨语言交流时达到好的沟通效果。

打开出国翻译官App，在首页的最下面可以选择翻译模式，例如，中文转英语、语音翻译。选择文本模式，输入中文后，可智能翻译为英文。

（六）智能翻译笔应用

有一些专门的智能翻译笔也可以直接进行语音智能翻译，或者通过扫描书本的形式进行智能翻译。

语音评测

深圳市龙华区鹭湖外国小学　黄绮琳

一、简介：WHAT？是什么？

语音评测技术，也称为自动语音评估（Automatic Speech Assessment，ASA），是一种集成了现代语音识别技术和自然语言处理技术的计算机辅助语言学习（Computer-Assisted Language Learning，CALL）工具。这项技术旨在通过自动分析学习者的口语发音，提供即时、客观的评价和反馈，以辅助语言教学和学习过程。

语音评测系统通常会对用户的口语输入进行一系列的比较分析，这些分析可能包括：

1. 准确性：系统会将发音与标准发音模板进行对比，检测发音中的错误，如音素替换、遗漏或添加等。

2. 流畅性：评估语言的韵律特征，如语速、停顿和语调等，以及言语表达的连贯性。

3. 完整性：检查发音是否完整，即是否所有必要的音节、单词都已发出。

4. 声韵调型：对于声调语言，如汉语，还需要评估声调的准确性。

许多语音评测系统还能提供诊断性反馈,指出用户发音的具体问题,并给出改进建议。这类系统广泛用于第二语言学习,特别是在没有教师直接指导的环境中,可以帮助学习者自主练习和提高发音质量。

随着人工智能和机器学习技术的发展,语音评测系统不断进步,能够提供更加精准和个性化的评估,成为现代语言教育中不可或缺的工具之一。

二、意义:WHY?为什么要用?

语音评测技术在教育领域具有广泛的应用场景和重要功能。随着人工智能和自然语言处理技术的发展,语音评测系统已经成为语言学习和教学的重要辅助工具。以下是一些主要的应用场景和功能。

(一)语言学习

1. 跟读练习:在语言学习初期,跟读是提高发音准确性的有效方式。语音评测系统可以实时评估学习者的发音,指出不准确的音素并提供正确发音的示例,帮助学习者及时纠正。

2. 发音矫正:对于难度较大的音素或者容易混淆的音位,系统可以专门设计练习,通过反复训练帮助学习者掌握正确发音。

(二)教学辅助

1. 教师评估:教师可以利用语音评测系统来辅助评估学生的口语能力,特别是在大班授课的情况下,能有效节省时间并提高评估效率。

2. 作业布置与批改:教师可以布置语音作业,学生提交后由系统自动评分,教师再根据系统反馈进行有针对性的指导。

(三)自主学习

1. 自我评估:学习者可以随时使用语音评测系统自我评估,了解自己的发音水平和存在的问题。

2. 进度跟踪:系统可以记录学习者的练习历程,帮助他们追踪自己的进步并调整学习计划。

(四)标准化考试:口语考试

在各类口语水平测试中,语音评测系统能作为一个标准化的工具,减少人为评分差异,提高评分的一致性和客观性。

（五）技能提升：专业培训

对于需要特定口语技能的专业，如外语翻译、播音主持等，语音评测可以帮助从业者提升专业发音水平。

（六）儿童教育：启蒙教育

儿童在学习语言的黄金期，通过趣味化的语音评测应用，可以在游戏互动中快乐学习，同时培养良好的发音习惯。

（七）多语言支持：跨语言学习

现代语音评测系统通常支持多种语言，方便不同母语背景的学习者选择适合自己的第二语言学习路径。

（八）技术支持：云服务

许多系统采用云计算技术，确保了高可靠性和可扩展性，同时便于用户随时随地访问服务。

（九）数据洞察：分析反馈

系统提供的详细分析报告能够帮助用户了解自己在各个维度的表现，如准确度、流畅度、声韵调型等，从而有针对性地改进。

（十）个性化学习

定制化内容：基于用户的评测结果，系统能够推荐个性化的学习资源和练习，以符合每个学习者的具体需求。

总的来说，语音评测技术通过提供即时、客观的反馈，极大地提高了语言学习的效率和效果。无论是在课堂教学、自主学习还是标准化考试中，它都发挥着重要的作用，帮助学习者提升口语能力，特别是发音的准确性和流利度。随着技术的不断进步，语音评测系统将越来越智能，更好地服务于各类语言学习者。

三、案例：WHERE？哪里有用？

（一）"AI班级管家"语音测评小程序（教师端）和"途途朗读"语音测评小程序（学生端）

使用"AI班级管家"语音测评小程序（教师端），无须下载，创建班级邀请学生加入（一个学生多个账号可以合并）就可以使用。课内方面，一是老师每天发布学习内容，可一键布置，也可自定义布置，系统智能精准评分：从精准度、流利度、完成度、语速多维度综合打分实时反馈结果。老师、学生均可见，可以清楚地知道学生哪里会读，哪里读不通等。二是若学生不会读，每一课均配有名师朗读示范音频，节省老师朗读示范的时间，能让学生更清楚正确地拼读。课外方面，有丰富内容，可有效针对不同层次的学生，提高学生学习的能力。

教师在"AI班级管家"小程序下方进入"班级"界面，创建班级后，选择"发布"，选择自己需要的类型，例如，课本同步，点击相应的课文，可以选择"全文朗读"或者"全文背诵"，点击"下一步"则完成作业发布。学生在"途途朗读"小程序选择"班级"，点击"去完成"完成相应任务，系统会录音并打分。

（二）"洪恩拼音"语音评测应用

洪恩拼音App对每个拼音按照"玩—认—调—说—练—写"六个环节来进行教学。玩的环节感知字形和发音；认的环节包括字形讲解和发音的口型讲解；调的环节学习四个音调发音；说的环节跟读重复发音；练的环节巩固对拼音字形的认识；写的环节进行拼音书写。整个学习闭环是比较完善的。除了主线外还提供了拼音绘本阅读、拼音儿歌、拼音和拼写的练习，小朋友学完的拼音卡也可以收集起来在拼音库查看。随着不断学习的过程还可以解锁和收集恐龙。登录账号，点击要学的拼音图，在"说"的环节，系统会录音分析读音准确性。

（三）"英语趣配音"语音评测应用

"英语趣配音"软件，可以用来配音的短视频，从每日一句到5分钟以上的视频，几乎大部分的素材都是免费的。现在还支持挑战难度，一口气整段配音，支持视频导出。登录后选择自己想要的类型，例如，配音闯关，点击"开始"，按录音键录音，出现评分，按播放键听自己的录音。

虚拟仿真实验

深圳市龙华区鹭湖外国小学　陈芬琪

一、简介：WHAT？是什么？

虚拟实验室是一种基于Web3D技术、虚拟现实平台（如VR-Platform）构建的开放式网络化的虚拟实验教学系统，是现有各种教学实验室的数字化和虚拟化。虚拟实验室由虚拟实验台、虚拟器材库和开放式实验室管理系统组成。虚拟实验室为开设各种虚拟实验课程提供了全新的教学环境。虚拟实验台与真实实验台类似，可供学生自己动手配置、连接、调节和使用实验仪器设备。教师利用虚拟器材库中的器材自由搭建任意合理的典型实验或实验案例，这一点是虚拟实验室有别于一般实验教学课件的重要特征。

虚拟实验是计算机技术、虚拟现实技术、人机交互技术结合的产物，是教育领域应用信息技术的一种创新。虚拟实验室是由虚拟现实技术生成的一类适于进行虚拟实验的实验系统，其包括相应的实验室环境、有关的实验仪器设备、实验对象及实验信息资源等，可以是某一现实实验室的真实实现，也可以是虚拟构想成的实验室。在传统实验室的建设中，由于物理资源的缺乏限制了学生的实验需求，影响着实验内容的及时更新，无法保障实验教学质量。基于此，网络的虚拟化实验教学模式必将冲击传统实验教学模式，成为未来实验教学的重要途径和方式，在快速发展变化的信息时代逐步成熟、完善，担当起实验教学的重任。

所谓的虚拟实验室是一个以计算机网络为核心，将虚拟仪器通过网络连接起来用以数据采集、分析、远程操作的系统。其本质就是按照实验教学的基本要求建立虚拟工程环境，利用各种虚拟实验仪器、设备对建立起的实验模型进行实时仿真，构成新型的教学实验。

二、意义：WHY？为什么要用？

虚拟仿真实验具有经济省钱、生动直观、安全可靠等特性，学生借助虚拟实验平台虽然能生动直观地模拟实验，获得沉浸式体验，但其无法完全取代实物探究。

（一）虚实结合，提升观察实效

科学的观察方法是观察的基础。虚实结合能更好地提高观察的科学性和有序性。以教科版《义务教育教科书科学一年级下册》为例，可以这样布置作业。在观察之前，学生观看3D指导视频"观察鱼"中关于观察方法的片段，学会从正面、上面和侧面三个角度全方位地观察鱼。

（二）原版到再版，凸显观察增量

学生观察实物，画出所见，在研讨的过程中产生认知冲突。借助虚拟实验系统上的资源，以认知冲突点为基础，让学生继续观察虚物，补充原有的发现，形成"再版"，前后对比凸显学生的学习增量。以"观察一种动物"为例，布置"再版"作业。学生观察蜗牛，总结并画出蜗牛的结构和功能特点。随后观察微距摄像下蜗牛运动时腹足的运动细节，继续修正刚才的发现，最后展现修正图。

（三）实验转型到实操，共享成果

虚拟仿真实验平台内的VR实操训练，是一种基于虚拟现实技术的实操训练方法。学生使用头戴式显示器和手柄等设备，身临其境地体验，并接受具有实践性的训练。学生利用VR模拟进行实验，展示学习成果。最后学生将自己的最终成果打包成图片、视频等，以作业的形式提交；在班级群内进行视频交流，分享对虚拟实验的体验及探究所得。

（四）从限定地点到多重场景，扩展作业空间

VR虚拟仿真实验不受地点限制，学生借助一台支持虚拟实验的计算机，就可以在任何地方进行实验。这样便可以解决实验设备不足、实验室容量有限等问题，拓展了作业的空间范围。

虽然虚拟仿真实验具有诸多优势，但是在实验器材使用的规范性上体验不佳，且虚拟实验无法完全模拟实操实验过程中可能遇到的各种问题，影响应变能力和分析与解决问题能力的培养。虚拟实验只能是传统实验的一个补充、完

善和扩展，目的是解决传统实验中存在的问题，并不能完全取代传统实验。虚拟实验中，由于软件包的存在，可进行实时仿真，解决了时间和空间的限制。另外，可根据需要随意开发实验项目，具有自主安排实验，增强了学生的自主学习能力。虚拟实验可对学生学习过程中所提出的各种假设模型进行模拟，直观地得到所产生的结果或效果，通过这种探索学习方式有利于激发学生创新思维和创新能力的培养。

三、案例：WHERE？哪里有用？

（一）实验空间—国家虚拟仿真实验教学项目共享服务平台

使用"实验空间"—国家虚拟仿真实验教学项目共享服务平台，可进行各学科的虚拟仿真实验。实验课程云平台——智能实验室是实验空间围绕实验实践类教学相关课程的建设、应用与共享提供的一整套在线支持服务。全面推进虚拟仿真实验教学项目体系化建设，推动实验教学课程与虚拟仿真实验项目的深度融合，支持建设具有创新性、高阶性、挑战度的实验实践类教学相关课程。选择线上模拟的实验，根据指示进行模拟实验，观察实验现象。

（二）"PhET"互动仿真程序

"PhET"互动仿真程序提供了很多交互式模拟科学体验，适合开展教学应用。交互式模拟让学科的知识点简单易懂，甚至小学生都可以上手，对这些知识略有掌握。而到了高中、本科阶段，依然可以使用，只是每个阶段打开的知识层次不同。例如，选择"密度实验"，可以通过改变粒子数、质量等数据，观察质心、粒子流数率的变化。

（三）"NOBOOK"互动仿真程序

NOBOOK是集模拟实验、仿真实验、几何画板等于一体的教育软件，同时提供3D教学和仿真软件教学服务。教学阶段覆盖小学科学至初高中物理、化学、生物学的实验。在小学科学中，金属圆片与摆长之间的关系探究实验，改变金属圆片的位置，观察摆长的摆动次数变化。

拍照识花

深圳市龙华区德风小学　张慧

一、简介：WHAT？是什么？

拍照识花，又称看图识花，是一款拍照识图的软件。用户借助拍照识花软件，将不同的花草拍下来，系统将快速进行在线识别，帮助用户掌握该花卉的各类信息；拍照识花软件得益于强大的植物数据库支撑，可支持上千种常见花卉植物的识别工作，且识别信息可包括科学名称、形态样式、生态习性、地理特点等内容，满足广大植物爱好者、研究者、园艺工作者等人士，更是野外旅行中植物鉴别的一大利器。拍照识花软件的工作步骤主要分为以下三步。

1. 拍照：用户使用智能设备对各种花卉进行拍摄，并获取一张清晰的数字图像。

2. 特征提取：系统针对所拍摄的数字图像进行处理，提取该具体花卉的颜色、纹理、形状等特征。该过程需要用到计算机视觉系统与图像处理技术来完成。

3. 匹配与生成：系统将所匹配的特征信息与植物数据库的资料进行对比分析，寻求匹配度最高的花卉植物，并生成该植物相关的信息推送给用户。该过程需要用到机器学习与模式识别技术来完成。

二、意义：WHY？为什么要用？

1. 随时随地识别花草，便携性强。传统识别花草通常依靠纸质书籍，通过查找工具书了解花草，往往会造成难以保存对比、翻阅书籍烦琐、工具书资源紧张等难题；而采用"拍照识花"类软件可以随时随地拍照识别，识别时效短，打破空间时间的限制，便携性强，给广大植物爱好者带来很大便利。

2. 强大植物数据库支撑，准确率高。拍照识花软件区别于以工具书资源为基础，以海量的植物数据库为支撑，短时间内就可以在植物名称、形态样式、特点分布等方面作出详尽的介绍，让植物辨识更加轻松易上手，准确率更高，为每一位植物爱好者开放崭新天地。

3. 识花类软件涵盖面广，功能强大。目前已上线的"拍照识花"类软件不仅包含了基本的识别功能，还设置了植物科普区、专家鉴定区、网友分享区、景点攻略区、赏花点推荐区等模块，其功能强大，可满足用户多方位需求。

三、案例：WHERE？哪里有用？

（一）形色

形色可支持用户随时随地拍照上传植物图片，智能识别花名，显示比对图；此外还会有花语诗词、植物趣闻等丰富内容；为帮助用户更准确地识别植物，软件中设置鉴定区，邀请入驻识花大师，随时鉴定上传的植物，确定识别的准确度高；软件中还会推送一部分花草科普内容及全球植物景点攻略，帮助用户探索好玩的植物世界。摄像头对准要识别的花草，点击确定，即可出现识别结果。识别植物后提供植物的详细信息及一日一花科普推送。此外还有植物鉴定区及全球植物景点攻略信息。

（二）花伴侣

花伴侣软件能够识别各种植物，几乎覆盖身边所有常见的花草树木；主要功能涵盖拍照识花，只需拍照即可识别；植物百科可提供分类树，展示科属关系，提供植物毒性及植物保护等级等重要信息；此外花伴侣软件还基于植物分布大数据，推荐附近赏花点，查看周边人气植物及用户拍摄物种。显示拍照识花结果及详细简介，同时也会显示周边赏花景点及植物分布的数据。

（三）识花君

识花君软件功能强大，识别范围广；软件涵盖花草树木、果蔬菜品、神奇动物等内容，用户通过拍摄图片，即可快速完成识别任务，并附有相应的百科详情及"考考好友"功能，满足用户多方面需求。该软件还设置了"博物馆"栏目，帮助用户保存识图记录与收藏记录，方便使用者快速查找过往资料。

（四）微信扫一扫

微信软件的"发现"栏目中也蕴藏着识花、识物的功能，通过"扫一扫"功能可快速识别花草、动物、商品等，功能简单且便利，无须安装其他软件，即可快速完成识别任务，所识别的内容丰富全面，并链接微信中的相关资讯与百科知识，帮助用户快速地了解所识别花草的全部内容。打开微信，选择"扫一扫"功能，然后手机摄像头对准要识别的花朵，稍后就可以看到识别的详情。

（五）百度识万物

百度是一款搜索引擎，可以帮助我们搜索图片、视频、新闻、资讯等内容，功能强大；其中也包含了"识万物"功能，使用者仅需将物品进行拍照上传，或直接进行相册导入，即可快速完成识别任务；同时由于该软件功能全面，在识别基础上还链接了"相关内容"栏目，支持使用者直接查看识别物相关的视频或图文资料，全面且便利。打开百度App，点击拍照，选择"识万物"，摄像头对准要识别的花朵，稍后智能识别，显示识别结果。

果蔬智能识别

深圳市龙华区鹭湖外国小学　周帅

一、简介：WHAT？是什么？

果蔬智能识别是利用图像识别技术对水果和蔬菜的类别进行识别，并可以对果蔬进行表面缺陷检测、自动分级、自动称重以及自动采摘的技术。

二、意义：WHY？为什么要用？

蔬菜、水果提供了人体所需的维生素，是人们生活中不可或缺的食物。智能果蔬识别在很多方面有着较好的应用意义。

（一）贴合智慧农业的理念

随着电商竞争的加剧和新技术的不断衍生，将计算机技术广泛应用于农产业，是无法回避的趋势。创新技术的使用，对农业产品的发展具有重要的意义。

（二）完善国家"蔬果安全溯源系统"

例如，系统识别出某种蔬果后，能够出示该蔬果的种类、产地、日期、检疫等信息，也进一步实现了对消费者的信息"透明化"。

（三）解决农民分拣蔬果的难题

我国蔬菜产量大，农场农民的蔬果分拣是个难题。据调查，蔬果分拣工数量十分有限，有些地方甚至出现了分拣人手不足的问题，人工参与的蔬果分拣费力费财。同时超市的数量在不断增加，超市蔬果称量服务员的需求量也越来越大，这意味着劳动力成本将持续提高。农产品销售向智能化方向发展，一方面可以解决蔬果分拣人力不足的难题，另一方面也能提高农产品的销售量。比如运用条形码识别商品，这不仅实现了商品的精确分类，减少了不必要的操作错误，而且大大节省了服务员的时间和精力。

三、案例：WHERE？哪里有用？

（一）扫描识别王

扫描识别王是一款可以进行蔬菜识别的手机App。它的"识别蔬菜"功能识别准确度高且速度快。我们只需要打开相对应的功能，然后将手机摄像头对准蔬菜进行拍照，稍等片刻之后，软件就会在短时间内自动识别出蔬菜的名称。同时，该软件还可以支持其他一些物体的识别，如识别植物、识别鲜花、识别水果等，很好地满足大家的需求。

（二）微信扫一扫

微信也可以让我们实现蔬菜的识别操作。通过微信中的"扫一扫"工具即可轻松实现。它的操作也很简单，只需要打开微信的"扫一扫"，然后对着蔬菜进行拍照就会自动识别出蔬菜的名称及其营养价值，并且可以提供一些相关的推荐菜谱。

（三）万能文字识别

这是一款主打着各种识别功能的App，其中它的"AI识万物"功能采用了先进的人工智能算法，可以进行准确的识别，它可以识别出近千种蔬果。同时它的操作也非常简单，只需要将手机摄像头对准要识别的蔬果拍照即可，识别结果会在短时间内自动显示出来。

（四）夸克

夸克是一款集多种实用功能于一身的智能浏览器，其中就包括了"识物"功能，可以对各种蔬菜进行识别，只需要将手机摄像头对准要识别的蔬菜拍照即可。同时，夸克还提供了丰富的识别结果展示，让大家更全面地了解被识别物体的相关信息。

巧识动物

深圳市龙华区第二实验学校　许萌

一、简介：WHAT？是什么？

识别动物是指利用特定的技术手段或软件工具，对图像、视频或其他媒体中的动物进行辨识和分类的过程。这些技术手段或软件工具通常基于计算机视觉、人工智能和机器学习等先进技术，通过分析和处理图像或视频中的特征信息，实现对动物的准确识别。

识别动物的过程可能涉及多个步骤，包括图像预处理、特征提取、分类器设计等。首先，需要对输入的图像或视频进行预处理，以消除噪声、提高图像质量等。其次，通过特征提取算法从图像或视频中提取出动物的关键特征，如形状、纹理、颜色等。最后，利用分类器对这些特征进行分类和识别，以确定图像或视频中的动物种类。

识别动物在多个领域都有广泛的应用价值，如生态监测、动物保护、农业养殖、食品安全等。通过准确识别动物种类，可以更好地了解动物的生态习性、分布情况、健康状况等，为相关领域的决策提供科学依据。同时，识别动物也可以帮助人们更好地认识和保护动物，促进人与自然的和谐共生。

二、意义：WHY？为什么要用？

识别动物可以帮助人们认识和保护动物，更好地了解动物的生态习性、分布情况、健康状况等，促进人与自然的和谐共生。其主要有以下五方面的作用。

1. 生态保护与研究：通过准确识别动物种类，生态学家可以更好地了解动物的分布、栖息地、迁徙路线等，为野生动物保护和管理提供科学依据。同时，识别动物也有助于研究动物的生态习性、行为特征等，为生态学研究提供重要支持。

2. 农业养殖：在农业养殖领域，识别动物可以帮助农民更好地监控和管理牲畜，及时发现异常情况，提高养殖效率和质量。例如，通过识别动物的体型、毛色、行为等特征，可以判断动物的健康状况、发情期等，为农民提供养殖决策的依据。

3. 食品安全与检疫：在食品安全领域，识别动物可以帮助监管部门检测肉类、乳制品等食品的来源和质量，确保食品的安全和卫生。同时，在动物检疫方面，识别动物可以及时发现疫情和疾病，防止疾病的继续传播和扩散。

4. 动物救援与保护：在动物救援和保护领域，识别动物可以帮助救援人员快速准确地识别受伤或濒危动物，及时提供救援和保护措施。同时，通过识别动物的种类和数量，也可以为动物保护组织提供重要的数据支持。

5. 智能监控与安全：在智能监控领域，识别动物可以帮助监控系统准确识别和跟踪动物目标，提高监控效率和准确性。同时，在安全领域，识别动物也可以帮助人们及时发现潜在的安全隐患，保障人们的生命财产安全。

识别动物的应用场景非常广泛，不仅在生态保护、农业养殖、食品安全等领域有着重要作用，还在动物救援、智能监控等方面发挥着重要作用。随着科学技术的不断发展和进步，识别动物的应用前景也将更加广阔。

三、案例：WHERE？哪里有用？

（一）手机自带的拍照识物

手机自带的相机，除了拍照以外，也支持识物、扫码、翻译等功能，可以快速便捷地获取信息。点击"拍照"按钮，进入相机拍摄模式。首先选择左上角的【智慧识物】，然后选择下方的【识物】，最后点击"拍照"即可。

（二）动物识别App

使用动物识别App，可以进行多种识别，通过它的拍照识物功能或者本地图片上传功能能快速准确地识别多种物品，比如品牌LOGO、地表识别和动物识别。打开动物识别App，选择【动物识别】，对准要识别的动物，然后点击"拍照"即可。

（三）"搜狗输入法"拍照识物

使用搜狗输入法，我们不仅可以快速输入文字，同时还能通过它的拍照识物功能快速准确地识别各种物品，包括动物。进入软件的【AI输入】页面，点击下方的【拍照识物】按钮，选择【识物】，对动物进行拍照识别，稍后会显示出识别的结果，并详细介绍。

（四）微信扫一扫识动物

微信的"扫一扫"功能也可以识别动物。用户只需打开微信，在主界面顶部右上角，点击"+"，就会出现"扫一扫"等功能。点击"扫一扫"，然后将手机摄像头对准要识别的动物。稍等片刻，自动进行识别，最终显示识别到的动物的相关信息。

识万物

深圳市龙华区第二实验学校　许萌

一、简介：WHAT？是什么？

"识万物"是一种基于图像识别技术的功能，它可以通过拍摄或上传图片来识别和分析图像中的物体，并为用户提供相关的信息和推荐。具体来说，"识万物"可以应用于不同的场景和领域，如动植物识别、商品识别、艺术品鉴定等。通过"识万物"功能，用户可以更加便捷地获取所需的信息和知识，提高生活质量和科学素养。同时，"识万物"功能也可以帮助用户更好地了解和管理自己的物品和资产，为购物、收藏等方面提供便利。总之，"识万物"是一种智能化、便捷化的功能，为人们的生活和工作带来了更多的便利和价值。

二、意义：WHY？为什么要用？

"识万物"的功能具有多种实际应用价值，尤其在教育和科普领域。

首先，对于青少年来说，"识万物"可以帮助了解所看到的动植物，打开认识世界的窗口。例如，当青少年遇到不认识的生物时，可以通过"识万物"功能获取相关的百科知识和短视频内容，从而增加自然知识和人文素养。

其次，"识万物"功能可以为用户提供更加智能化的搜索和使用体验。无论是通过拍照还是上传图片的方式，用户都可以让系统对图片进行分析和识别，从而快速获取相关的信息和推荐。

最后，"识万物"功能还可以帮助用户更好地了解和管理自己的物品。例如，在百货商店或超市中，用户可以通过"识万物"功能快速识别商品的信息和价格，从而做出更明智的购买决策。

总之，"识万物"的功能具有多种实际应用价值，可以帮助用户更好地了解和管理自己周围的物品和生物，提高生活质量和科学素养。

三、案例：WHERE？哪里有用？

（一）万能识物

使用"万能识物"App，一款便捷的拍照识别软件和文档管理工具，通过手机实现图片文字识别、文件扫码、图片转换等功能，助力高效办公学习。打开万能识物App，显示各种图片识别种类，如建筑、动物、果蔬、菜品、花草等。例如，选择"常见植物识别"，进入识别界面，可以选择直接拍照进行识别，或者从相册中挑选图片进行识别。

（二）百度拍照识万物

百度App的"扫一扫"功能可以识别动植物、二维码、商品等。用户点击搜索栏尾部的相机图标，对准要识别的物品，稍等几秒即可得到识别结果。打开百度App，在搜索栏尾部找到相机图标后点击，然后对准物品，可以看到对物品的识别结果。

（三）形色识物App

形色识物App在提供一些日常花草知识外，还可以识别花草、果蔬、海鲜等。用户只需打开扫一扫，摄像头对准要识别的植物，稍等几秒即可得到识别结果。打开形色识物App，在主界面底部找到"相机"图标，对准物体扫一扫。例如，对某一种植物，点击拍照，显示识别结果。

（四）慧眼识图

慧眼识图App可以识别植物、明星、动物、文字等，还可以保留识图历史，用户只需打开App，对准要识别的物品，点击"拍照"即可得到识别结果。打开App，直接出现相机，点击相机图标，对准图片上的人物，显示对人物的识别结果。

（五）微信扫一扫

微信的"扫一扫"功能不但可以识别动物，还可以识别二维码、花草、商品等。打开微信，在主界面顶部右上角，点击"+"，或者在主界面底部，点击"发现"，都可以出现"扫一扫"。点击"扫一扫"，然后将手机摄像头对准要识别的任意物品，稍等片刻，自动进行识别，最终显示识别到的物品的相关信息。

AI+体育

深圳市龙华区第三实验学校　李圆敏

一、简介：WHAT？是什么？

"AI+体育"，是运用计算机视觉、机器学习、图像识别、智能语音等人工智能技术与体育产业深度融合，结合物联网、5G、大数据、云计算、区块链、VR/AR等数字赋能技术，促进体育教培、全民健身、竞技体育、赛事运营、场馆空间等体育产业全环节的数字化、智能化发展，构建互联、智能驱动的智慧体育新形态。

将人工智能技术运用在体育教学场景将成为一种创新的教学模式，这种模式是在"互联网＋体育"基础上的升级和革新，其实质是利用人工智能的技术手段，从课堂环境、教学资源、教学交互形式等方面提高体育教学效果，以达成帮助学生在体育锻炼中"享受乐趣、增强体质、健全人格、锤炼意志"的最终目标。

二、意义：WHY？为什么要用？

（一）体育课堂教学智能监测

传统体育课堂教学对学生体育课中运动数据的监测缺乏精确性和连续性，这导致传统体育教学中运动负荷等方面的监测主要依靠教师的主观观察，根据学生体育课堂中的实际运动状况进行教学的动态调整难度较大，然而人工智能技术的应用使这一问题得到了有效解决。近些年，智能可穿戴设备越来越多地被应用于体育课堂教学监测中，例如，通过智能手环、智能心率表监测学生的运动负荷和身体活动水平，帮助教师实时掌握学生课堂运动时间、运动强度、运动量等运动指标，为动态调整教学目标、教学内容及组织教学活动提供客观数据支撑。同时，这类智能可穿戴设备也有助于预防体育课上的运动伤害和意外事故，如智能心率表可以实时监测学生的运动心率，当学生出现心率异常时教师可以及时发现，以确保学生的安全。基于智能可穿戴设备打造的新型体育教学模式将对未来的学校体育教学产生深远影响。

（二）运动技能虚拟仿真学习

传统的运动技能学习主要通过教师动作讲解示范、学生动作模仿、教师错误纠正的过程实现，这种教学方式很难充分调动学生的学习兴趣和积极性。然而，虚拟仿真技术以其独有的沉浸感和交互性彻底改变了传统的体育教学模式，基于VR的虚拟仿真教学系统主要是让学生通过视觉（三维动画多角度观察）、听觉（技术动作的讲解）、触觉（动作体验）及互动（动作对比）对动作进行感知和学习。这种虚拟仿真教学系统能够让学生身临其境，在虚拟环境中感受、体验技术动作的学习，通过肢体的活动充分感受到运动技能学习的效果，学生从以往的被动练习转变为主动体验、领会的交互式学习模式，可以充分调动学生的学习兴趣和参与积极性。

（三）智慧体育教学器材

人工智能的融入使传统的体育教学器材和运动场地实现智能化。例如，智能跑步机能够实时反馈运动强度、能量消耗等指标；智能跳绳能够实现计数、计时、记录能量消耗等功能。运动场地的智能化也将有助于提高体育教学效率，如乒乓球、羽毛球、篮球等球类智能设施能够实现自动发球、自动回球，并精准记录发球数、进球数、计算命中率、训练量等。此外，越来越多的学校配备了智慧体育场，体育场装备AI智能设备后，利用多人动态视觉识别技术和智能打卡系统，对学生的日常锻炼情况进行监测、评估和反馈。

（四）运动技术动作可视化测评

随着人工智能技术的不断发展，基于AI计算机视觉和大数据分析的运动技能可视化测评系统应运而生，并已广泛应用在竞技体育训练中（例如，通过视频实时反馈运动员训练数据、技术动作生物力学特征等）。目前，已经有学校开始尝试将这种技术应用在学校体育课堂中，通过专用摄像机捕捉学生在体育课上的技术动作，利用AI计算机视觉算法和大数据分析，实现实时捕捉、对比分析和智能反馈学生课堂上的运动学习和练习情况，学生能够直观地感受到自己的动作特征，发现不足之处，并根据提示进行纠正。同时，这类技术方法也可用于学生运动技术动作的评价，有助于实现学生体育学习评价标准的统一。

（五）课外体育运动智能监测

在学校体育活动课内外"一体化设计、一体化推进"的背景下，近些年，学生课外体育锻炼的科学监测也逐渐成为焦点。利用智能手机App、智能可穿戴设备、AI摄像头、AI计算机视觉技术等方式采集数据，并对大数据进行深度学习算法分析，可实现对学生课外体育运动情况的全方位精准记录，实时掌握学生体育锻炼情况，追踪学生的身体活动水平和运动行为特征。

（六）体育与健康大数据平台

在大数据时代背景下，为提高学生体质健康水平，一些学校正在积极开展校园体育与健康大数据平台的建设，通过人工智能、智能可穿戴设备、无线传感及云计算等技术实现课内外运动数据、体质数据及健康数据同步至学校大数据平台，进行综合评价并建立学生运动与健康档案，对学生的体质健康相关状况全时段追踪并精准分析评价。

三、案例：WHERE？哪里有用？

（一）天天跳绳

天天跳绳是一款支持多种模式的AI跳绳和体感运动的应用，可以通过身体AI识别，让你进入全新体感运动世界。你可以与好友或他人的成绩进行虚拟PK、加入运动小队共同打卡做任务等。

1. AI互动计数：创新的AI互动计数，免去额外硬件，轻装上阵做运动。手机对准人体，与屏幕中的元素进行互动训练得分。实时自动记录训练成绩，统计成长数据，一起达成每日运动目标。

2. 各类运动训练：在室内外都可以进行自我训练，或帮助孩子提升体能——可选择体测体考相关的跳绳、仰卧起坐、体前屈等项目；也有实用的开合跳、全身入框、深蹲、跑步训练；还有多种组合训练和趣味运动。

3. 体育作业管理系统：老师和家长双方通过系统管理孩子每日课外体育。认证老师可快捷地布置并检查作业，还可以自主创建云比赛或体测；家长在手机上轻松查看作业，孩子完成后自动统计完成情况，还可以和同伴、同学一起运动。

4. 运动PK激励：项目排行榜，可以和好友或班级同学PK，看谁跳得远、跑得快。还有各类活动收集奖牌，提升经验等级，收获快乐与自信。

（二）"智慧体育教学系统"

例如，一些大学开发的"智慧体育教学系统"包含智能跑步App、移动终端体育测试系统、学生体质健康智能测评系统、智慧体育场馆预约系统及MIS后端管理系统，能够采集学生课外锻炼、体质测试及体育课运动技术考核等方面的相关数据，形成运动与体质健康数据平台，生成学生体质健康画像，帮助学生掌握个人运动和体质数据。同时，通过数据可视化分析平台，运用大数据技术分析各项数据并生成报表，为学校体育决策提供参考和建议。

"智慧体育教学系统"包含智能跑步App模块，该跑步App可精准分析跑步轨迹、配速，实时语音提醒学生跑步状态，通过个人数据统计班级排行榜等方式，提高学生运动锻炼的乐趣，并有助于实现课外体育锻炼的智能监测。

（三）青少年体育教育一体化数字平台

一些企业自主研发的一套"AI+精准教学"的体育教育一体化数字平台，给每个学生建立一个体育的数字档案，通过课上精准教学、课后精准监管的方式，有效提升学生的体质。在体育课堂中，教师端可以实时查看每个学生的数据，课后一键生成数据报告，协助老师快速筛选出成绩较差的学生从而布置靶向作业，进行精准监管、提升。在家长端通过家校互动小程序，可以实时掌握孩子体育数据，完成家庭作业及自由练习。

（四）AI运动小站

科大讯飞智慧体育围绕"提升学生体质健康水平"的核心目标，打造智慧操场，覆盖六大应用场景，构建智慧体育新生态，贯穿学校体育教育全流程，实现"教、学、赛、练、测、考、评、管"一体化。"AI运动小站"综合运用计算机视觉技术、人体姿态识别、人脸识别、手势识别等技术，实现体育运动的智能感知、智能监测，目前可以支持跳绳、跳远、开合跳、高抬腿、深蹲、视力检测等多个项目。针对家长关注的视力健康，还可以开展常态化视力检测，采集学生视力周期性发展数据，便于学生科学用眼。

（五）悦动圈

悦动圈App是以轻运动为核心的全民运动社区及服务平台，集计步、跑步、健身、骑行等运动模式为一体，提供运动记录、社区、电商、课程、赛事及活动组织等多元服务。其中，悦动圈旗下产品除了适用于个人AI健身与学习，也针对企业员工运动和学校体育课程支持开发了相应的产品。

1. 个人AI健身

悦动圈提供丰富的运动智能管理，还可以实时纠错，搭载防作弊体系，有效督促个体参与运动健康。并且还组织了达标赛、虚拟站点赛、PK擂台赛、卡路里消耗赛、排位赛、竞速赛等趣味化活动，激发运动者的学习热情。

2. 体育教学与考试

体育教学：把体育教学活动中的教、学、管、考、评，完整地整合在智慧体育教室和操场中，结合AI智能分析系统，给小学生提供生动有趣的运动锻炼课堂。

体质测试：实现体测的高效化和日常化，全面掌握考生的健康素质和个人运动能力大数据。

体育考试：实现考试标准化、可视化、流程化，有效规避人为因素造成的误差等现象，极大地提高了考试规范性、公平性、公开性和可溯源性。

校内/课后练习：自由练习系统通过趣味性、交互性的课后自由练习模式，通过AI视觉识别技术，识别学生各运动项目的锻炼结果。

运动会/AI线上考级：极大地提高运动会成绩统计效率，节省裁判等人力成本，打造校园运动氛围。

（六）华为运动健康

华为运动健康App，配合穿戴和健康类设备，实现科学的运动监测和健康管理，并提供专业的数据和丰富的活动体验。100多种运动模式的数据，每一次运动的消耗量，还有平均心率、训练表现、恢复时间等数据均会被记录。该产品还会提供专业的跑步运动指导和健身指导等。其中，华为运动健康的AI跑步和AI跳绳等功能，可以给到学生在运动中较为合适的指导。

1. AI跑步

在室内或室外跑步过程中，华为运动健康都会记录实时运动强度、心率、速度和步频等，同时通过语音给出针对性指导，帮助运动者适时调整，突破自我。

2. AI跳绳

华为运动健康的AI跳绳功能可以设置目标，比如定时跳、定数跳。通过手机摄像头，智能识别跳绳动作并智能分析，帮助运动者轻松了解达成量和运动效果。

（七）乐动力

乐动力是一款能够全天候自动记录用户运动行为的健康类应用。它支持步行、跑步、骑行等有氧运动的自动识别和热量计算，同时还能帮助用户自动生成每天的生活轨迹。只要随身携带着手机，乐动力就能够自动记录全天的运动量。无需复杂的操作，也不用担心忘记！乐动力还提供个性化的目标建议算法，针对每个用户的个人情况，推荐每天的运动目标和完成方式。并且用户也可以通过添加微信、微博好友，跟朋友比拼每日运动成绩，一起向健康生活迈进。

听歌识曲

深圳市龙华区鹭湖外国小学　古兴东

一、简介：WHAT？是什么？

听歌识曲技术主要运用到音频指纹（Audio Fingerprinting）的算法来提取每首歌的指纹，建立歌曲指纹库。当进行听歌识别时，首先会对要识别的这段音乐提取其音频指纹，再对该指纹进行比对匹配，找到数据库中匹配度最高的那首歌。

它具有音频指纹检索功能，这是人工智能领域自动内容识别技术（Automatic Content Recognition）的核心算法，与语音识别将一段语音转化为文字不同，音频指纹技术不区分语言，是一种声音对声音的精确检索。

二、意义：WHY？为什么要用？

听歌识曲主要有以下三个特点。

（一）快

打开各大音乐播放器使用该功能，在安静环境下，一般只需要一秒至几秒长的片段，就能根据音频片段识别出对应的歌曲名，从而快速进行查询搜索歌曲，同时带给你动态歌词快速定位体验。

（二）准

该功能有很好的抗噪能力，在一定的嘈杂环境下也能实现很好的抗噪能力，能识别出对应的背景音乐，并返回精准的逐字歌词，方便直观地判断出返回结果是否符合外放音频；具备精准的数据建模能力，只用较少的数据便达到优异的识别性能；同时对海量数据处理也有很强的支持能力。

（三）稳

听歌识曲主要运用到音频指纹技术的算法来提取每首歌的指纹，建立歌曲指纹库，进行歌曲识别时，先对歌曲进行录音，然后提取其音频指纹，再对该指纹进行比对匹配，找到多语言海量曲库中匹配度最高的那首歌，算法和曲库相辅相成。

三、案例：WHERE？哪里有用？

（一）华为音乐

华为音乐是一款集音乐播放、电台听书、音乐视频、听歌识曲等多功能于一体的音乐服务应用产品。华为音乐不仅限于手机，还覆盖了平板、智能音箱、智慧屏、VR、手表、车载等多种华为终端产品，实现全场景生态分发；拥有风格多样的全球音乐曲库，包括古典、流行、爵士、影视原声等多种类型，涵盖主流热门歌曲及全网热播内容；提供无损音乐和Hi-Res高解析度音乐。

打开华为音乐App。在首页的上面可以看到歌曲搜索栏。旁边有听歌识曲按钮。点击按钮后，可以进入"听歌识曲"界面。此时直接对着手机，唱出想要搜索的歌曲，或者将手机对接音源，就可以自动识别音乐，搜索相匹配的歌曲。如果环境安静，可以提升识别歌曲准确率。点击"停止识别"按钮，就可以结束识别。

（二）QQ音乐

QQ音乐是一款网络音乐服务产品，提供海量音乐在线试听、新歌热歌在线首发、歌词翻译、手机铃声下载、高品质无损音乐试听、海量无损曲库、正版音乐下载、空间背景音乐设置、MV观看等。它具有听歌识曲功能，能识别周围环境中的原唱音乐，并给出歌名和歌曲等相关信息，同时还能立即使歌词同步当前音乐播放进度。当进行识别曲目的时候，如果遇见无法识别成功的音乐或不在曲库内的曲目时。程序会将音频指纹信息发送给云端数据进行大数据扩展搜索，找到相关曲目后会离线反馈所识别的内容。为了方便使用听歌识曲功能，QQ音乐除了App，还提供了小程序版本。

打开QQ音乐App，在首页的上面可以看到歌曲搜索栏，旁边有听歌识曲按钮。点击按钮后，可以进入"听歌识曲"界面。手机要尽量靠近音源，识别歌曲后进行遍历匹配，匹配中哪首歌曲就把歌曲内容显示出来。识曲时要保持外界安静，这样可以提升识别准确度，而且戴耳机也能快速识别。注意一次只能识别一首歌。

识别时中间会显示识别时间，如果识别到匹配的结果，会显示在下方。如果歌曲无法识别，也会显示未匹配到结果，可以点击"重新识别"。还有哼唱识别模式，可以根据人声的哼曲，识别出正在哼唱的是什么歌曲，同样在识别出来后可对该音频进行播放、收藏等操作。

（三）酷狗音乐

酷狗音乐是一款音乐共享软件，拥有音乐资源库，涵盖了流行音乐、摇滚音乐、古典音乐、电子音乐等多种类型。酷狗音乐平台支持搜索和收听各种类型的音乐，提供了在线试听、下载、歌词显示、歌曲推荐、听歌识曲、个性化推荐等功能。平台上也可以创建个人音乐库，收藏自己喜欢的歌曲和歌手，并与其他使用者分享音乐喜好。

打开酷狗音乐App，在首页的上面可以看到歌曲搜索栏，点击旁边的按钮，可以进入"听歌识曲"界面。点击中间的"点击开始识曲"，此时靠近声源，直接可以自动识别歌曲。除了直接进行听歌识曲外，还有哼唱识别、视频识曲、链接识曲、live识别等多种识曲方法。识别歌曲后，会显示出识别结果，可以看到显示出了多个版本，而且会询问识别歌曲是否准确。如果选择哼唱识别，可以哼唱歌曲进行识别，哼唱时间越长，越容易识别。

（四）网易云音乐

网易云音乐是一个在线音乐平台，为音乐爱好者提供互动的内容社区。以社区为中心，提供在线音乐服务及社交娱乐服务，通过各色各样的科技驱动工具让音乐爱好者自主发掘、享受、分享并创作不同的音乐和音乐衍生内容，并与他人互动。网易云音乐有音乐播放、听歌识曲等功能。

打开网易云音乐App，在首页的最上面可以看到歌曲搜索栏，点击搜索栏右边的按钮，可以进入"听歌识曲"界面，此时靠近声源，直接可以自动搜索，识别歌曲。可以看到，显示自动识别的结果。与"听歌识曲"相似，网易云音乐也有一个"哼唱识曲"功能。选择"哼唱识曲"模式，可以点击中间的按钮，开始识曲或停止识曲。

AI音乐创作

深圳市龙华区鹭湖外国小学　古兴东

一、简介：WHAT？是什么？

AI音乐创作是指利用人工智能技术来生成音乐作品的过程。它通过对大量的音乐数据进行分析和学习，再结合生成模型，可以创造出各种风格和形式的音乐作品。AI音乐创作涉及的技术包括旋律生成、和声生成、节奏生成、音色设计、混音和母带处理等，这些技术为音乐家和制作人提供了新的可能性。

二、意义：WHY？为什么要用？

（一）减低成本

AI音乐创作可以自动化许多耗时的任务，如旋律生成和混音，为制作人节省大量时间。AI还可以使音乐制作变得更简单、更实惠，因为制作人不再需要昂贵的录音室或音乐家协助。

（二）激发创造力

只需要对创作歌曲进行简单主题描述或风格选择等，就可以通过AI进行创作，完成一些原本需要专业人士才能完成的复杂的音乐创作。这些音乐创作的想法和灵感，可以帮助制作人克服创作障碍从而激发创造力。

（三）提高音乐质量

AI可以根据音乐创作主题要求，自动按照音乐的相关元素进行创作，生成具有一定风格的创新音乐，帮助制作人提高歌曲的整体质量。

三、案例：WHERE？哪里有用？

（一）SunoAI音乐创作

SunoAI是一个AI音乐创作网络平台，支持创作音乐，不需要任何工具，只需要想象力。它能够在数秒之内创作出两分钟的完整歌曲，并支持多种语言和音乐风格。从你的思想到音乐，一句话即可创造高质量原创的AI音乐。

打开SunoAI音乐创作网站，进入首页界面。有灵感模式、常规模式、自定义模式三种创作模式。还可以选择纯音乐，以及不同音乐模型。可以直接点击"创作"按钮，体验创作歌曲。点击输入歌曲描述后，如果未注册，会显示推荐歌词。可以根据需要自由选择歌词内容，直接免费体验创作歌曲。如果注册会员，登录后可以自由输入内容进行AI创作音乐。

选择灵感模式，只需要输入有关歌曲的描述，就可以选择有歌词的音乐或纯音乐，有多种音乐模型可以选择。选择常规模式，可以通过开关选择是否纯音乐；歌手性别可以选随机，或固定男声或女声；音乐流派有常用、流行、拉丁、摇滚等不同选项。音乐风格有常用、乐器、抒情、派对等多种形式。还可以自己输入歌词内容，或由AI随机生成歌词。根据自己设想，输入歌曲名称，选择不同音乐模型，最终点击创作按钮进行AI创作。选择自定义模式，一样可以选择有歌词的音乐或纯音乐。也可以自己输入歌词内容，或直接由AI随机生成歌词。还可以自己输入音乐风格，或选择音乐风格。然后输入歌曲名称，选择合适的音乐模型，完成创作。

（二）豆包音乐生成

豆包音乐生成是一款AI音乐生成创新工具。可以通过输入主题或自创歌词，结合设定的流行、民谣、嘻哈等多种主流音乐风格，按照快乐、放松、活力、伤感等情绪，以及男声或女声音色参数，运用先进的AI技术，一键生成约1分钟的原创歌曲。该功能能够精准匹配创作者输入的主题、歌词及相应的音乐风格，极大地降低了音乐创作的门槛，使普通人也能轻松创作出高质量的音乐作品。

进入"豆包"网络平台，在主界面中，有AI搜索、图像生成、音乐生成等功能。选择"音乐生成"功能，进入音乐生成界面，显示可以实现"歌词定制，曲风任选，人声演唱"。中间有不同主题、风格模式供选择。最下面有AI创作描述框，可以输入主题，选择音乐风格、音色等，最后点击生成按钮。生成后，可以点击播放按钮聆听AI生成的歌曲。

AI绘画

深圳市龙华区鹭湖外国小学　古兴东

一、简介：WHAT？是什么？

AI绘画是指利用人工智能技术来创作图画的过程。它通过训练大量的数据，让人工智能模型学习到人类绘画的技巧和特点，然后根据输入的指令或相关信息自动生成图画。AI绘画通常利用深度学习算法、神经网络和已有的数据集，如生成对抗网络（GANs）和神经风格迁移等技术，来学习和理解绘画的特征、风格和规律，从而创作出独特的艺术作品。

二、意义：WHY？为什么要用？

（一）艺术创作

AI绘画可以快速、准确、个性化地生成各种优质的绘画作品，包括写实风格、抽象风格、卡通风格等。利用AI技术，可以创作出具有人类特征的绘画作品，甚至可以模仿大师的绘画风格，为艺术创作带来新的可能性和灵感。

（二）图像生成与处理

AI绘画可以根据输入的图像进行分析和处理，如将素描转化为彩色图像，将日常照片转化为油画风格的图像，或者进行图像的修复与增强。这种能力在图像编辑、广告设计、影视后期制作等领域具有广泛的应用价值。

（三）创作辅助工具

AI绘画可以作为创作辅助工具，为设计师、艺术家和爱好者提供灵感和创作想法。它可以生成草图、建议颜色搭配、辅助绘制线稿等，帮助人们更好地表达和实现创意。

（四）艺术风格转换

AI绘画可以将一幅图像的艺术风格转换成另一种风格，如将印象派风格的图像转化成素描风格的图像，或者将油画风格的图像转化成水彩画风格的图像。利用AI绘画软件，用户可以生成个性化的头像、表情、贴纸等，增加娱乐和社交的趣味性和互动性。

（五）美术教育

AI绘画软件可以辅助美术教学和学习，培养学生的美术创造力和批判思维能力，提高美术水平和素养。除了艺术创作领域外，AI绘画还可以应用于建筑设计、动漫角色原型开发、服装设计、广告行业等多个领域。

三、案例：WHERE？哪里有用？

（一）文心一言"AI画图"

文心一言的"AI画图"功能是利用深度学习技术，开发出的一个创新功能。它允许通过输入描述性的文字或关键词，自动生成与之对应的图像。这一功能不仅提供了便捷的图像创作方式，还极大地拓宽了艺术创作的边界。

进入文心一言平台，选择AI画图，可以看到有多种类型。输入主题内容后，自动进行AI画图。对生成的图，可以提出反馈和建议，或者完整描述需求后继续进行AI画图。

（二）讯飞星火"绘画大师"

讯飞星火"绘画大师"是在讯飞星火认知大模型中内置的一个实用插件，它结合人工智能技术，提供了一个便捷的绘画创作工具。允许通过输入描述性的文字或关键词，利用AI技术自动生成与之对应的图像。这一功能基于深度学习模型，通过学习大量的图像数据来掌握绘画技巧，从而能够生成具有艺术感的图像作品。

进入讯飞星火平台，在左边列表中有星火对话、讯飞绘文、绘画大师等功能。点击"绘画大师"，在最下面文本框中输入要创作的内容，可以AI绘画。

点击"重新回答"可以重新AI绘画，也可以继续输入描述内容进行创作。

（三）豆包"图像生成"

豆包是一款AI工具，它集成了智能问答、文本创作、语音交互及图像生成等多项功能。其中，"图像生成"功能是其作为一款集成了先进人工智能技术的智能助手的重要组成部分，允许通过文字描述或选择特定样式，来生成符合需求的图片。这一功能不仅操作简便，而且能够生成风格多样、内容丰富的图片，为使用者提供了极大的创作便利和乐趣。

进入豆包网络平台，显示AI探索、PDF问答、图像生成等不同示例。提示登录后可以继续对话，同时可以使用更多功能。点击"图像生成"，在输入框中描述主要内容，自动生成了多幅AI绘画。

（四）数画

数画是一款AI绘画工具。只需通过简单的语言描述或输入关键词，数画即可智能生成不同风格、独一无二的创意画作。数画支持多种绘画风格的生成，用户可以根据自己的喜好和需求选择合适的风格进行创作。

进入"数画"网络平台，在首页界面上面，有下载App、在线绘画按钮。点击"在线绘画"按钮，在AI创作的画面描述中输入内容，选择适当模式，适当画面大小，还可以在高级设置中，对风格修饰、艺术家类型进行选择，此类可以多选，完成后点击"立即生成"，进行AI绘画。点击草稿箱的图，可以显示大图。还可以点击AI绘画右边的"再来一张"按钮，重新进行AI绘画，每点击一次，就会进行再创作。同样主题描述，无论是同一平台还是不同平台，每次AI生成图都可能会有差异。作品还可以保存到作品库，或者下载图片；如果不满意也可以直接删除。

（五）即梦AI作图

即梦AI作图是一个创新的AI艺术创作工具。它以"一站式AI创意创作平台"为产品定位，支持通过自然语言及图片输入生成高质量的图像及视频。只需要输入简单提示词，即可生成精彩的图片。

登录"即梦AI"平台，可以看到有AI作图、AI视频。其中AI作图，包括"图片生成、智能画布"两种类型。灵感类型分为热门、国风美学、海报设计、未来科幻等多种形式。如以图片生成为例，点击"图片生成"，在"图片生成"的描述框中，输入主题内容。可以选择生图模型、精细度、图片比例、图片尺寸等参数。所有参数也可以不改，直接按默认，点击"立即生成"，最终生成多幅AI图。

生成式AI

深圳市龙华区鹭湖外国小学　沈佳敏

一、简介：WHAT？是什么？

生成式AI又称生成式人工智能，是一种强大的人工智能技术，可以用于创造新的内容和思想，包括对话、故事、图像、视频和音乐等。生成式人工智能的目标是模仿人类创造内容的能力，并在不断学习和改进的过程中生成高质量、有创意的作品。

在学科教学中，生成式AI的应用广泛且实用，它可以学习人类语言、编程语言、艺术、化学、生物学或任何复杂的主题，并使用训练数据来解决新问题。例如，学习英语词汇并根据其处理的字词创作一首诗，学习某位画家的作品之后模仿其风格进行创作，或是根据要求创作长篇小说或学术论文。

二、意义：WHY？为什么要用？

生成式人工智能在教育领域有许多重要的作用，主要有以下几方面。

（一）个性化教育

根据每个学生的学习风格、进度和需求，提供个性化的学习内容和教学方法，从而更好地满足学生的学习需求。

（二）智能辅导和答疑

根据学生的问题提供智能辅导和答疑，例如，针对数学中的函数概念，可以通过人工智能技术生成各种形式的题目和解题方法，帮助学生更好地理解和掌握知识点。

（三）互动教育

通过生成式AI，可以实现人机互动，让学生在与机器的交流中提高学习能力和自信心。例如，在英语学习中，人工智能可以纠正学生的发音、语法错误，并引导学生进行对话练习，提升学生的口语表达能力。

（四）辅助教师教学

生成式AI可以为教师教学提供多种形态的帮助和服务。例如，依据教师的教学目标生成创作型教学素材，辅助教师设计有创新性的教学活动；可以在课堂教学中充当助教角色，根据当前教学活动情境，为教师提供教学过程的交互式支持；可以依据教学场景与个体教师的教学需求，生成个性化教学方案等。

（五）教育评价

生成式AI可以为学生作品和答案进行客观点评，引导学生发掘作品优点并提供改进思路；依据测试科目、考查目标、题目类型等组卷需求，自动生成多种备选测试题目，支持教师智能组卷；可以进行高效代码反馈与评价，纠正代码错误并提出优化建议。例如，学生输入指令"请对下面这段代码进行评价反馈"并提供代码，系统可以指出该算法是否编写正确，并提供针对性建议与改进代码示例。

生成式AI的应用潜力非常广泛，可以提升教学效率、个性化学习、创新教学方法等，但仍然存在一些限制和挑战，如缺乏情感和人类的创造力，无法完全模拟人类的思维和情感体验，也会涉及一系列伦理和道德问题，如隐私保护、数据安全、歧视性风险等，需要人类进行监督和决策，因此生成式AI更多的是作为人类的工具和助手，帮助人类提高效率、创造价值、解决问题，共同推进科技和社会的进步。

三、案例：WHERE？哪里有用？

目前国内外已经推出了上百款主流的生成式AI工具。国外的涵盖了热门的AI聊天机器人ChatGPT，强大的视频生成模型Sora，AI搜索引擎NewBing，智能AI绘图工具Midjourney，等等。国内有百度推出的"文心一言"，中国科学院的"紫东太初"，字节跳动的"云雀大模型"，智普AI的"GLM大模型"，商汤的"日日新大模型"，上海人工智能室的"书生通用大模型"，讯飞星火，360智脑，阿里通义千问，等等。

（一）百度"文心一言"大模型

文心一言能够与人对话互动、回答问题、协助创作，高效便捷地帮助人们获取信息、知识和灵感。其应用场景包括人工智能辅助创作、智能客服、机器翻译、个性化推荐系统、文本分类和情感分析等。可以AI创作诗词、AI作图、AI解答数学题、创作文章等。网页版提供了几十种插件，可以使生成内容更具针对性。比如，"说图解画"插件，通过上传图片，由人工智能模型创作文字、回答问题，写文案、写故事等。又如，"TreeMind树图"插件，可以帮助用户生成脑图、逻辑图、树形图、组织架构图、时间轴等多种思维导图。

（二）讯飞星火大模型

讯飞星火拥有跨领域的知识和语言理解能力，能够基于自然对话方式理解与执行任务，具有七大核心能力，即文本生成、语言理解、知识问答、逻辑推理、数学能力、代码能力、多模态能力。可以AI生成代码、有声绘本创作、法律咨询等。

（三）腾讯混元大模型

腾讯混元大模型具备强大的中文创作能力，复杂语境下的逻辑推理能力，以及可靠的任务执行能力。腾讯混元大模型可以分为标准版和高级版。可以智能制订英语学习计划、定制数学题目、辅助批阅等。

（四）深圳教育云AI智慧教育平台

深圳市教育云平台提供了多个AI教学平台（https：//zy. szedu. cn/ai/），加载了AI体验和生成等功能，现以"深教AI2"平台中的"AI山水画"作示范。绘制简单的线条后，再选择不同的山水画风格，AI可以生成不同风格的山水画。

AR

深圳市龙华区龙华中心小学　程学莲

一、简介：WHAT？是什么？

增强现实（Augmented Reality，简称AR）技术，它是一种将真实世界信息和虚拟世界信息"无缝"集成的新技术，是把原本在现实世界的一定时间、空间范围内很难体验到的实体信息（视觉信息、声音、味道、触觉等），通过电脑等科学技术，模拟仿真后再叠加，将虚拟的信息应用到真实世界，被人类感官所感知，从而达到超越现实的感官体验。其运用多种技术手段，将计算机生成的虚拟物体或关于真实物体的非几何信息叠加到真实世界的场景之上，从而实现对真实世界的增强。

二、意义：WHY？为什么要用？

（一）增强学习体验

AR技术通过叠加数字信息到现实世界中，为学生提供了一个富有互动性和沉浸感的学习环境。这种环境使学生更容易理解和记忆复杂的知识点，从而提高了学习效果。

（二）激发学习兴趣

AR技术可以激发学生的学习兴趣，增加学习的乐趣，提高学习的积极性和主动性。通过将学习内容转化为可视化的、可交互的模型，学生能够在轻松愉快的氛围中学习和掌握知识。

（三）提供实践机会

AR技术可以为学生提供一个虚拟的实验环境，使他们能够在不受真实条件限制的情况下进行各种实验。这不仅可以培养学生的实践和探索能力，还可以降低实验成本，提高实验安全性。

（四）个性化教学

AR技术可以根据学生的学习情况和兴趣爱好，提供个性化的学习内容和教学方式。这种教学方式能够满足学生的多样化需求，使每个学生都能够得到适合自己的教育。

（五）扩大教学资源

AR技术可以将世界各地的教育资源进行整合和共享，为教师和学生提供更多的学习资源和教学工具。这不仅可以丰富教学内容，还可以提高教学效率和质量。

三、案例：WHERE？哪里有用？

（一）神奇AR

它是一个开放平台，一方面普通用户可以利用这个平台体验AR的神奇效果，另一方面设计师可以制作各种素材，包括但不限于模型与动图，满足普通用户的不同需求。神奇AR拥有丰富的3D内容，人性化的交互体验，同时具备开放的平台架构，引入优质的IP资源，并可以让多个内容组合，产生更多的新奇玩法。主要功能如下：

1. 趣萌形象。在［AR相机］中定制自己的虚拟形象，换装，摆POSE，一起合影。

2. 海量AR。［AR相机］内置了数百种奇妙的AR虚拟物品，会不定期更新更多内容。

3. 自由放置。借助强大的增强现实技术，无须识别卡片，即可将AR虚拟物品放在真实场景的任意位置。

4. 互动玩法。通过点击、划动，与AR物品进行互动，萌妹恐龙任你玩。

5. 随心DIY。贴图、配文字，多种自定义内容，让你随心DIY，秒变文艺青年。

6. 一键分享。一键分享到微信QQ、新浪微博，让你成为朋友的焦点。

使用神奇AR时，用户可以利用AR模型、特效、图片、视频等拍摄或者制作一段30秒的特效短视频，发布在神奇AR的视频流中，或者分享到各大媒体平台，将自己的创意展现给更多的人。

以"3D相册"为例。打开神奇AR，选择"剧场模式"，再选择"3D相册"，可以点击一个已下载的相册模型。将模型添加到场景中以后，可以关闭声音。除了已下载的场景，还可以选择一张图片，点击添加到场景中的模型。甚至可以添加"GIF动图"，选择一个样式的动图，把GIF动图拖放到合适的位置。点击"3D文字"按钮，输入要添加的文字内容，根据需要可以更改字体颜色、字体样式、展示方式，就可以添加3D文字。如果点击"录制"按钮，还可以录制视频。最后保存作品，也可以将作品分享到微信、QQ、新浪微博。

（二）AR星座

实时观星的应用程序，用户可以通过这款软件了解天体的运行轨迹和状态，AR星座内部包含了宇宙中88个星座、太阳、月亮及八大行星等9000多个天体信息，二十四节气和其所反映的太阳周年视运动。同时结合AR（增强现实）技术，可以将所有天体叠加在现实的场景上，用户随时随地拿起手机，就可以知晓当前天空中各个天体的状态。

AR星座可以准确地根据用户的地理方位，实时出现当前方向存在的宇宙天体，并配有对应宇宙天体的运动状况和详细信息。主要特色如下所述：

1. 转动设备或者手指滑动可以旋转查看整个星空；

2. 缩放屏幕，整个宇宙的星星都在你的掌控之中；

3. 点击单个星座、恒星、行星或卫星，查看它们的主要数据和相关信息；

4. 不仅能实时观看星图，还支持跳转任意时间，查看当时天空中的星星状态；

5. 精美的星座三维模型，旋转查看星座内部的恒星分布；

6. 内含八大行星剖面模型动画，清晰展示其内部构造；

7. 支持查看月相，了解不同时间，月亮的变化特征；

8. 想知道二十四节气是怎样随着时间变化的？可以在天空中看看它们与太阳的位置关系。

在AR星座软件环境下，对于感兴趣的大到星盘、行星，小到一般的恒星、卫星，都可以在应用的内置搜索键内一键查询，即刻了解它的信息和在宇宙中的运动状态。

打开AR星座，进入后实时出现当前方向和当前位置存在的宇宙天体，页面底部有四个选项，分别为"搜索""设置""天文现象""其他（包括'星座运势'和'AR增强现实'）"。

点击"搜索"按钮后，出现各个星座的列表，选择查看自己想了解的星座或者在搜索栏搜索想查看的星座，如选择"巨蟹座"，出现巨蟹座的三维模型图标。点击蓝色的"巨蟹座或三个点的小圆圈"，就会进入巨蟹座的三维模型，同时底部出现关于巨蟹座的一般信息、数字、占星、神话、百度百科。手指滑动旋转查看巨蟹座内部的恒星分布，以及巨蟹座的相关信息。点击底部的"百度百科"可以直接跳转到百度百科。

还可以点击搜索页面底部中间的"搜索行星"按钮，搜索查看太阳系的八大行星，如查看"火星"，出现火星的具体位置；点击蓝色的"火星或三个点的小圆圈"，就会进入火星的三维模型。手指滑动旋转可以查看火星在星空中的分布，了解火星的相关信息。在页面底部右侧有"搜索其他星座行星"按钮，可以搜索其他星座行星；如搜索"牛宿二"等。点击底端的"设置"按钮，可以进入设置页面。点击底端的"天文现象"按钮，可以查看"赢亏月""日食""月食""合""行星连珠"等天文现象。点击底端的"其他"
按钮，可以查看星座运势，体验AR增强现实功能。

AI教育编程平台

深圳市龙华区鹭湖外国小学　古兴东

一、简介：WHAT？是什么？

人工智能教育编程平台是专为青少年设计的一种基于人工智能技术的教育
工具，旨在通过编程教学的方式，培养青少年的逻辑思维、创新思维和解决问
题的能力。目前有各种各样的人工智能教育编程平台，可以开展AI教育。这些
平台通常结合了图形化编程、代码编程等多种教学方式，让青少年在趣味性的
学习环境中掌握编程技能，并了解人工智能的基本原理和应用。

二、意义：WHY？为什么要用？

（一）激发兴趣与潜能

通过趣味性、项目式、游戏化的编程实践和挑战，可以激发学生、青少年
对编程和人工智能的兴趣，挖掘其创造力和潜能。

（二）培养逻辑思维

编程项目考验的是青少年严密的逻辑思维和问题解决能力。通过系统、全
面的编程学习，有助于全方位提升青少年的逻辑思维能力、动手实践能力。

（三）提升创新能力

AI教育编程，不仅教授编程知识，还涉及人工智能、计算机科学等多个领
域，鼓励青少年尝试新思路、新方法，培养他们的创新意识和创新能力，拓宽
知识视野。

（四）适应未来需求

随着人工智能技术的快速发展，编程已成为未来社会的重要技能之一。通过
青少年人工智能教育编程平台的学习，青少年将更好地适应未来社会的需求。

三、案例：WHERE？哪里有用？

（一）腾讯青少年人工智能教育平台

腾讯青少年人工智能教育平台是一个专注于青少年人工智能教育的综合性平台。该平台以科技助力教育高质量发展为目标，致力于为广大中小学生提供高质量、低门槛的人工智能教育解决方案。腾讯青少年人工智能教育平台有创意实验室、Python实验室、硬件实验室、AI实验平台、AI竞技平台等方面的内容。

配备了纯国产自研的AI编程平台工具，支持图形化编程和代码编程两种方式，学生可以通过这些工具轻松搭建属于自己的创意作品，并通过小程序分享和展示。提供了符合新课标要求的前沿AI教学内容，包括Python编程、计算机视觉、自然语言处理等多个领域的课程。搭建了虚拟仿真实验室，方便学生体验、了解人工智能，同时降低对硬件的需求，有利于促进人工智能教育。平台也提供了AI识图、KNN算法预测、人脸搜索、拍照识花、文字识别、AI涂鸦等各类人工智能技术应用体验，提升学生的认识。

（二）编程猫平台

编程猫平台是一款图形化编程工具平台，该平台致力于为青少年儿童提供人工智能编程教育服务。平台以"工具+内容+服务"的产品形态，培养孩子逻辑思维、计算思维和创造性思维，提升综合学习能力。

提供了源码编辑器4.0、Coco编辑器、代码岛3.0、海龟编辑器、源码编辑器等几种编程工具。孩子们可以通过拖曳积木块的方式编写代码，降低了编程的门槛，使编程变得更加直观和有趣。提供的新一代自研图形化编辑器KittenN，全面打通电脑、平板、手机三端。提供的课程体系强调跨学科融合的重要性，鼓励孩子用编程来解决学科问题，如数学、物理、艺术等，培养孩子的综合应用能力。采用以学生为中心的教学环境，注重培养孩子的自主学习能力和创造力，让孩子在探索中发现编程的乐趣。课程内容以项目式学习为方向，孩子们通过完成具体的项目来巩固所学知识，提升实践能力。

编程平台提供人工智能编程，例如，在源码编辑器4.0，选择添加积木，在"积木实验室"的扩展积木中，提供有"分类AI、GameAI、认知AI"等模块，选择相应的模块后，就可以增加对应的人工智能积木了。

（三）优必选AI教育平台

优必选AI教育平台是一款面向基础教育阶段服务于老师、学生及教学管理者的集应用、云服务和开放特性于一体的平台。平台以"AI教育"为核心，围绕K12阶段中小学师生校内外课程使用场景，打造AI软硬件内容与AI教学管理赋能的智慧教育平台。为学生提供个性化学习体验，让教师更好地开发学生的天赋和创造力，实现"AI教书、教师育人"的目标。包括课程资源、AI实训中心、学情中心、教师成长中心等内容。

以教师身份登录AI智慧教育平台后，显示我的桌面、课程资源、AI实训中心、学情中心、教师成长中心等栏目。中间提供去上课、去备课、班级管理、任务管理及教师认证等内容，方便教师操作。教师可以选择合适的课程，应用uCode、uPython、uCode4等创作工具，在AI实训中心进行AIGC、图像识别、语音识别等体验。

课程资源，涵盖3~8年级，包括悟空之旅、智能互动、智能生活、语言解码、智慧探秘等AI课程资源。AI实训中心，包含各种AI知识工具箱。例如，AIGC核心是利用人工智能算法生成具有一定创意和质量的内容，包括AI画图、AI对话大模型、AI山水画等内容。图像识别主要通过计算机对图像进行分析和理解，包括文字识别（OCR）、车牌识别、看图识物、图像分类训练等内容。

语音识别是让机器能够将语音转文字或文字转语音，包括语音合成、智能问答机器人、语音评测、语音分类训练等内容。机器学习能够根据所使用的数据进行学习或改进的系统，包括流程图像大模型、大数据、聚类分析、决策树等内容。人脸识别是一种通过计算机识别和验证人脸特征的技术，包括人脸识别、人脸识别原理、人脸识别机器人等内容。自然语言处理是让机器能够理解人类的意图并做出相应的回答，包括图灵测试、新闻文本分类体验、新闻文本分类原理、智能问答体验等内容。姿态识别主要通过计算机视觉对人体的姿态进行分析和识别，包括手势识别、姿态分类训练、手势分类训练等内容。涂鸦识别是图像识别的一个细分领域，包括涂鸦识别原理、趣味涂鸦等内容。

（四）商汤AI实验平台

商汤AI实验平台是一个集"教学、教研、体验、创作、管理、能力"于一体的综合性教育平台，旨在实现人工智能教育领域的普及化和普惠化发展。该平台通过提供优质的AI教育课程、产品和服务，全面支撑人工智能教育教学和创新实践，助力打造人工智能教育的"基础底座"。

商汤AI智慧教育平台覆盖了教、学、管、评、赛、培（教师培训）、研（教学研究）、创（科创）所有环节，形成了闭环式的教育体系。平台提供AI读本、AI实验、教学PPT、培训资源、示范资料等满足开课需求，同时提供迷你编程小车、自动驾驶小车、商小鸣智能机器人套件、开放硬件实验箱等互动装备，丰富教学场景，增加趣味性。平台也提供了Python3等各种类型的Python编程。选择任意一种，可以快速创建对应项目。进入相关课程，左边显示实验步骤；中间为积木编程区，有各种类型积木供选择，还可以点击"代码"切换为代码编程模式；点击"运行"，右边展示程序运行结果。

（五）盛思AI课堂

盛思AI课堂作为人工智能教育平台，响应新课改、聚焦新课标、服务新课程，是适用于小学、初中和高中创新素质教育的网络学习平台。平台提供丰富的教学资源，包括人工智能教育、编程教育、STEAM创客教育及物联网等领域的课程。这些课程以教材、教案、教学PPT、幕课、软件、在线课程、出版物等形式呈现，形成了完整的课程体系。为教师准备好了每节课的教案、教学课件（PPT）和课后作业，内置了大量的视频课程资源。每节课的前景导入、重难知识点的讲解、课程总结都会通过视频资源呈现出来，内容生动、活泼，充满趣味。

学生可以通过平台进行在线学习，随时随地获取优质的教育资源，突破时空限制，提高学习效率。平台利用互联网、大数据、云计算、人工智能等技术，实现科技与教育的深度融合，改变传统教学的组织方式。通过AI课堂，助力STEAM教育、创客教育、人工智能教育、Python编程的普及与落地，推进教育公平、均衡发展的实现。研发了掌控板、mPython编程软件、人工智能交互实验箱、中小学赛事套装等硬件产品，与AI课堂平台相辅相成，为学生提供更全面的学习体验。提供了Labplus3.0、mPython等工具，可以下载，也可以外接掌控板、AI摄像头等设备，编写AI识别程序。

（六）帕拉卡3D创作平台

帕拉卡（Paracraft）3D创作工具，是一款集3D建模、3D动画、3D编程、物联网实验室、CAD三维设计、机器人仿真设计、AI实验室、智能模组等功能于一体的综合性教育平台。该平台以NPL语言为核心，致力于培养学生的逻辑思维能力、创新思维、动手实践能力以及团队协作精神。帕拉卡平台拥有原创的NPL脚本语言及MCML标记语言，分布式3D引擎，以及多项软著和PCT国际专利。平台既有适合低龄学生的图形化编程，又有适合高龄学生的文本代码编程，两者之间可一键转换，让学生在帕拉卡一个生态平台内，衔接过渡更加自然。

平台内置超百种方块，包含丰富多样的材质，通过搭建方块可以构建场景、物体。同时，平台还支持3D建模、动画设计、编程创作等功能，帮助学生创建具有真实场景体验的虚拟世界。利用传感器、执行器及物联网技术，帕拉卡平台将虚拟3D世界和现实场景或硬件相关联，实现虚实交互的功能。学生既可以在虚拟世界中模拟测试，也可以在现实中进行实际验证。平台为STEAM（科学、技术、工程、艺术、数学）教学提供了绝佳的创作平台，让人工智能与编程学习更丰富有趣。帕拉卡图形化AI编程平台广泛应用于教育领域，特别是在中小学的编程教育、科技创新活动及各类编程竞赛中。通过该平台，学生可以学习基本的3D建模技能和代码编程技能，培养创新思维、动手实践能力和团队协作精神。同时，平台还支持多人联机做项目，让学生在沉浸式场景中进行创作学习。

（七）讯飞AI教育平台

科大讯飞人工智能教育平台是一种人工智能技术应用的综合性平台，充分利用了科大讯飞在智能语音、大数据、音视频等人工智能领域的技术积累，专注于人工智能创新教育，通过提供丰富的科创教育资源，方便中小学课堂开展独具特色的人工智能通识教育。

平台支持各类教育场景，满足不同年龄和学科的需求，为学生提供全面的编程学习体验。平台支持多种编程语言，提供丰富的API接口，方便开发者快速接入各类功能，同时也降低了软件开发的门槛。支持模块化开发，开发者可以根据需求自由组合功能模块，实现个性化定制，满足不同教育场景的需求。平台对中文编程语言提供良好支持，减少编程初学者的学习成本，助力更多人进入编程领域。平台可以进行图形化编程，提供丰富的编程课程资源，涵盖从基础语法到高级应用的各个阶段，满足不同水平学生的需求。提供易于使用的编程工具，如代码编辑器、调试工具等，帮助学生更好地进行编程实践。

（八）Cocorobo人工智能教育平台

Cocorobo人工智能教育平台专注于STEAM（科学、技术、工程、艺术、数学）教育及人工智能教育。采用系列化电子模块，用于构建各种教育项目。提供一系列适合不同年龄段和学习需求的套件。支持积木式编程，降低编程学习门槛，激发学生创造力。提供数据存储、项目分享等功能，方便学生在线学习和协作。为学校提供一站式的人工智能实验室（AILab）。Cocorobo提供丰富的课程体系，涵盖从基础到高级的各个阶段，包括计算思维课程、人工智能基础课程、AIBasic课程等。

教师登录平台，选择对应年级课程，可以进行备课，或直接上课。资源中心还有情绪识别、物体识别、语音语别供选择。实践中心有图形化、Python语言可以进行人工智能硬件控制程序编写。教师还可以自行创建课程，预置拓展课程内容。

（九）OpenInnoLab浦育平台

OpenInnoLab浦育平台是一个面向青少年提供了一系列基于开源软硬件体系、面向人工智能交叉学科支持、支持产教融合的普适性人工智能教学实践的AI平台。具体来说，通过OpenInnoLab浦育平台，为人工智能的教育者和学习者提供完整的、全流程、全体系的在线沉浸式学习体验。分为课程、项目、工具、数据集、AI体验、读本、活动等栏目。

该平台提供一站式的AI学习服务，包括前沿的、多元的、易用的、连通的AI学习创作工具，以及丰富的课程与实践案例和青少年读本。这些资源和工具旨在普及推广AI科技，同时鼓励青少年应用AI工具进行科学探究与应用创新。例如，初识人工智能，分为认识、体验、训练、创作四步。

AI课程中提供计算机视觉、自然语言处理、语音识别、推荐系统、机器学习、深度学习、强化学习、机器人控制等内容，分为小学、初中、高中及院校四个学段。选择项目，可以在上面输入关键词进行搜索，也可以在左边列表中选择搜索类型或探索方向。中间显示具体的项目内容，移动鼠标到其中任一项上面，会出现"克隆"按钮，点击后就可以拷贝一个一样的项目进行学习或在此次基础上创作。选择工具，有Python工坊、人工智能工坊、创意积木工坊、硬件工坊主要内容的介绍，可以点击相关链接进入对应的AI创作工具界面。选择AI体验，提供有文本分类、涂鸦识别、姿态分类、AI绘画、3D人脸捕捉、手势分类、语音分类等各种类型的体验。

AI心理测评

深圳市龙华区鹭湖外国小学　古兴东

一、简介：WHAT？是什么？

AI心理测评系统是一种利用人工智能技术和心理学理论，通过量化形式展示测量者心理评价结果的科学、客观、规范的方式。该系统通过分析测评者的行为、语言和情感等信息，提供精准的心理测评结果，并可进一步提供个性化的心理建议和干预方案。AI心理测评系统的出现，极大地提高了心理测评的效率和准确性，使得更多的人能够便捷地获取心理健康服务。

二、意义：WHY？为什么要用？

（一）科学评估

AI心理测评系统采用标准化的心理评价量表，通过科学的方法对测评者进行心理评估，确保评估结果的客观性和准确性。利用大数据和机器学习算法，AI心理能够对个体的心理特征进行深度挖掘和精准评估，以便更好地了解内心世界。

（二）高效便捷

AI技术应用打破了传统心理咨询的时间和空间限制，可以随时随地通过智能设备进行咨询，大大地提高了心理健康服务的可及性和效率。可以通过智能手机、电脑等终端设备随时随地进行心理测评，极大地提高了心理测评的便捷性。

（三）个性化建议

AI心理测评通过分析用户的语音、文字、面部表情等数据，能够更准确地了解个体的情感状态和心理需求，从而提供个性化的心理健康建议和服务。系统根据测评结果，提供个性化的心理建议和干预方案，帮助解决心理问题，改善心理健康。

（四）辅助治疗

通过分析在线行为、社交媒体活动和生理指标等数据，AI心理测评能够提前发现心理健康问题的迹象，有助于及早干预和预防心理健康问题的发生。还可以作为心理治疗的辅助工具，通过全面AI心理测评了解评测者的真实心理情况。根据测评采用虚拟治疗助手、智能应用程序等方式，提供认知行为疗法等心理治疗方法，提高治疗效果。

三、案例：WHERE？哪里有用？

（一）AI心理测评软件

目前有不少可以提供AI心理测评功能的软件，如测测App、壹点灵、武志红心理App等。这些软件通常包含丰富的心理测评量表和专业的测评结果分析。

AI心理测评软件主要结合AI人工智能技术与心理健康服务，提供智能机器人、心理测评、心理课程、专业心理咨询师等服务。可以通过软件解决情绪调节、睡眠困扰、抑郁烦恼、家庭关系等生活困扰。智能心理机器人可提供24小时陪伴与心理支持。通过专业知识，精细算法，结合大数据分析生成个性化心理报告。软件还提供一些放松方式，生活百科融合心理学知识，让学习心理学变得简单有趣。

一些软件还建立了集合多种测试和工具的泛心理在线社区，包含多项专业且富有趣味性的心理测试。同时提供心理树洞、心理沙盘等功能，帮助疏导不良心理情绪。能够围绕心理健康、个人发展、亲密关系等需求，提供全方位测评服务。

（二）AI心理测评硬件

1. AI心理测评一体化设备：集成了人工智能技术的心理测评设备，能够实现对个体心理状态的全面评估。通过分析用户的语言、表情、动作等多种信息，快速准确地识别用户的心理问题。设备由主机、传感器、软件等组成，支持多级权限管理用户登录功能，分析报告自动上传至管理端建档，并支持个人检测报告查询统计和发展趋势分析查询功能。可以帮助医生、心理学家更准确地评估患者的心理健康状况，制定个性化的治疗方案。

2. 情绪识别筛查评估系统：支持非接触式的、基于头颈部肌肉微动高帧视频流的实时分析，能够精准识别情绪状态。通过高帧视频流技术捕捉细微的表情变化，结合人工智能算法进行情绪识别与评估，提供及时的情绪反馈与干预建议。

（三）AI心理测评风险

目前市场上存在不少专业软件和硬件用于开展AI心理测评。这些软件和硬件不仅提高了心理测评的效率和准确性，还提供了更加便捷和个性化的心理健康服务。虽然这些软件和硬件提供了心理测评服务，但是也要注意，特别是用户在使用时要注意个人隐私和数据安全问题。同时，对于严重的心理健康问题，建议还是寻求专业的心理咨询师或医生的帮助。

第二章　教学服务

AI数字人

深圳市龙华区鹭湖外国小学　古兴东

一、简介：WHAT？是什么？

AI数字人是指基于人工智能技术开发的具有人类特征和交互能力的虚拟人物。它们能够模拟人类的语言、表情、声音等多种特征，与人进行具有真实感的交互。AI数字人的诞生得益于人工智能技术的快速发展，特别是深度学习、图像识别、自然语言处理等技术的结合，使得AI数字人能够在虚拟世界中表现出逼真的外貌和行为。

二、意义：WHY？为什么要用？

（一）增强学习动力和兴趣

AI数字人具有生动的形象和人性化的交互方式，能够激发学生的学习兴趣和动力。它们可以与学生进行有趣的对话和互动，使学习过程变得更加有趣和生动。此外，AI数字人还会根据学生的兴趣和爱好，推荐相关的学习资源和活动，进一步激发学生的学习热情。

（二）智能辅导与答疑

AI数字人可以作为在线教育平台中的教学助手或虚拟教师，为学生提供实时的辅导和答疑服务。它们能够理解学生的问题，并能够提供准确的解释和答案。对于复杂或抽象的概念，AI数字人还可以利用图像、动画等多媒体手段进行生动形象的展示，帮助学生更好地理解和掌握。

（三）提供沉浸式学习环境

AI数字人技术可以与虚拟现实（VR）、增强现实（AR）等技术相结合，为学生提供沉浸式的学习环境。在这种环境中，学生可以身临其境地参与到学习场景中，与虚拟角色进行互动，从而获得更加真实和深刻的学习体验。这种沉浸式学习方式有助于提高学生的记忆力和理解力。

三、案例：WHERE？哪里有用？

（一）百度智能云曦灵

百度智能云曦灵的数字人平台，集成了数字人生产、内容创作等功能于一体。在平台上传一张照片，就能快速生成一个可被AI驱动的2D数字人像。同时，还支持通过一句话语音描述或简单捏脸等多种形式快速生产数字人。平台结合AI和计算机图形学技术，生成的数字人具有写实、高精度的特点。音唇同步精准，表情丰富逼真，支持多维度捏脸、更换发型、服饰与妆容，并可利用TTS技术定制声音，打造专属数字人形象资产。内置对话编排、知识配置等多种数字人技能。提供便于操作的图形化工作台进行编排及配置，快速实现数字人智能应用，支撑多场景解决方案。平台面向视频、直播、交互等全场景应用，让数字人赋能与千行百业实现内容和服务的智能化升级。

打开百度智能云曦灵网站，点击"即刻体验"。登录平台后，左边列表有数字人、声音、直播工作台、视频工作台等栏目。中间显示有2D数字人克隆可以还原真表情动作；照片数字人克隆，让照片会说话；3D数字人生成，一句话生成3D数字人；声音克隆，上传音频可以进行声音克隆等功能。还有数字人直播、数字人视频、数字人对话供选择。点击"数字人"，有"我的形象"、"我的收藏"公共形象内容。其中"我的形象"有2D数字人克隆、2D数字人精品克隆、照片数字人克隆、3D数字人生成四种创建形式。

例如，进行"照片数字人克隆"。输入形象名称，选择底板照片，注意只能单个人脸、面部要正对镜头、无遮挡、背景无其他杂物，图片的宽度和调度要在1920px以内。检查准备上传的图片，如果符合要求，自动完成上传并显示。勾选自动抠图及协议后，点击"开始克隆"，就可以根据上传的图片创建数字人了。选择"视频工作台"，有课程视频、精编视频、AI卡片、裂变视频等。点击"AI卡片"，可以进入AI卡片界面，显示有名片、宣传页、邀请函、明信片等类型。在名片类型下，显示有各种各样的样式供选择。

点击右边"数字人"，可以看到公共形象中有很多可供选择。还可以输入关键词查找，或者从克隆方式、性别、年龄、姿势等方面进行筛选。点击"我的"可以看到自己创建的数字人。点击自己创建的数字人后，可以看到样式中间的头像自动会替换为自己创建的数字人。点击右边"文字"输入相关信息，自动对应修改AI名片中的内容。点击右边"播报"，输入播报内容。点击"生成视频"按钮，稍等片刻，自动生成预览视频。点击"播放"按钮，可以看到，数字人自动张开嘴进行播报，不但有声音，数字人还会适当眨眼、晃动头……感觉与真人讲解一样。

（二）腾讯智影

腾讯智影是一款云端智能视频创作工具。它无需下载，用户可直接通过PC浏览器访问，支持视频剪辑、素材库、文本配音、数字人播报、自动字幕识别等多项功能，旨在帮助使用者更高效地进行视频化表达。它结合强大的AI创作能力，提供了专业易用的视频剪辑器，同时，腾讯智影还支持用户素材的上传存储与管理，以及录音、录屏、录像等素材快速生成功能。其AI能力还体现在文本朗读、字幕识别、音乐踩点等方面，为创作者提供了高效智能的创作方式。

在电脑端，通过浏览器访问"腾讯智影"，可以看到智影AI智能创作工作简介视频。点击"立即体验"，进入创作空间主界面，可以看到有数字人播报、动态漫画、AI绘画等功能，提供数字人直播、视频剪辑、文本配音、智能抹除等智能小工具。直接点击"数字人播报"，进入数字人播报界面。左边列表中，"模板"可以导入视频模板，快速创建内容；"PPT模式"，可以上传PPT或PDF文件进行创建。点击"数字人"，有预置形象、照片播报两种类型。其中在预置形象里，提供了很多数字人形象可供选择，可以根据需要更换各种数字人形象。

选择"图片播报"，在照片主播中有本地上传、我的资源两类。点击"本地上传"，选择合适图片上传。检查符合要求后，自动根据上传的图片生成数字人形象。选择生成的"数字人"形象作为主播。右边可以描述需求，由AI智能生成文案，还可以直接输入播报内容，选择音色，点击"保存并生成播报"。确定无误后，点击上面的"合成视频"按钮，可以一键生成播报视频。

在合成视频设置界面中，可以输入名称；选择导出设置，还可以进行水印、片尾等设置。最后按"确定"按钮。最终一键生成数字人播报视频。可以看到图片生成的数字人形象根据播报内容自动张开嘴活灵活现地进行报告，且视频配有字幕。

AI生成PPT

深圳市龙华区鹭湖外国小学　古兴东

一、简介：WHAT？是什么？

AI生成PPT是指通过人工智能技术，如深度学习、自然语言处理、计算机视觉等，自动或半自动地生成教学PPT课件。AI课件是教育领域的一大创新。这些课件包含了文字、图片、视频、音频等多种媒体资源，旨在提高教学效率和质量，满足个性化教学的需求。通过收集各类教学资料，如教材、教案、PPT等，并对其进行清洗、标注等预处理工作，以便后续模型训练。利用深度学习技术提取教学资料中的关键特征，如知识点、教学难点等，并基于这些特征训练出高效的课件生成模型。根据需求（如学科、年级、知识点等），模型能够自动生成相应的课件内容，包括文字、图片、视频等多种形式。通过反馈和数据分析，不断优化生成的课件质量和准确性。

二、意义：WHY？为什么要用？

（一）提高课件制作效率

AI课件生成技术能够大幅度缩短课件制作周期，减轻教育工作者的负担。传统课件制作需要耗费大量时间和精力，而AI课件则能在短时间内快速生成高质量的课件，使教师有更多的时间专注于教学质量的提升。

（二）个性化教学

AI课件能够根据每位学生的学习情况和需求，生成个性化的课件。这有助于激发学生的学习兴趣，提升学习效果。通过智能分析学生的学习数据，AI可以识别学生的强项和弱项，并为其推荐合适的学习资源和练习题目。

（三）实时更新教学内容

随着学科知识的不断更新，AI课件生成技术能够迅速跟进，确保教学内容的时效性和准确性。有助于保持教学内容的先进性和实用性，满足学生对新知识、新技能的学习需求。

（四）丰富教学资源

AI课件已整合海量的教学资源，为教师提供丰富多样的教学素材和案例。这些资源包括但不限于教科书、学术论文、在线课程、实验视频等，有助于拓展学生的知识面和视野。

（五）提升教学互动性

AI课件可以融入丰富的互动元素，如问答、游戏、模拟实验等，激发学生的学习兴趣和积极性。这些互动元素不仅可以提高学生的学习效果，还可以培养他们的创新思维和实践能力。

三、案例：WHERE？哪里有用？

（一）百度文库AI生成PPT

百度文库AI生成PPT是一项便捷的功能，它利用人工智能技术快速生成PPT演示文稿。可以通过输入主题或上传文档的方式，让智能助手分析并生成PPT大纲，进而一键生成完整的PPT演示文稿。这一功能极大地提高了PPT制作的效率。

打开百度文库网页，登录进入AI生成PPT界面，或者在百度网站中搜索"AI生成课件"，点击链接后，登录进入百度文库"AI生成PPT"界面。显示有"输入主题"和"上传文档"两种生成PPT模式。现以输入主题模式为例，在下面输入框中，显示"帮我写一篇PPT，主题是"，可以直接输入主题内容，然后点击发送按钮。提示PPT大纲正在生成中，可以先选择一个喜欢的模板。平台提供了多种PPT主题网络的模板供选择，可以在右边缩略图中预览。任意选择一种模板后，左边会显示该模板PPT的首页、标题页、目录、结束页效果，供参考。

AI智能助手会根据主题自动生成PPT大纲内容。可以在大纲上进行适当修改和完善。如果确定，可以直接点击"生成PPT"。根据大纲内容，结合前面所选的主题风格，AI自动生成人工智能在教学中的应用PPT。点击"导出并编辑"。可以查看AI生成的PPT效果，并根据需要进行进一步的编辑和美化，如调整布局、修改文字、添加图片等。最终智能助手能够准确理解用户输入的主题，并智能生成结构合理的PPT大纲。对生成的PPT，可以进行修改完善。

（二）讯飞智文

讯飞智文是一款人工智能文档创作平台，它利用先进的人工智能技术，提供高效便捷的文档创作服务。讯飞智文可以根据输入内容，如一句话主题、长文本、音视频等内容，自动生成高质量的文档，包括PPT、Word、视频等多种格式。它集成了智能排版、丰富模板、语音输入、多语种文档生成、AI自动配图、模板图示切换等多种功能，极大地提升了工作和学习效率。

可以直接打开讯飞星火平台，或者在网页中搜索"AI生成课件"，点击链接后，进入讯飞星火平台。打开讯飞星火平台后，可以拖动滚动条按下移。显示有讯飞绘文、讯飞智文、星火文档问答等。选择智能文档创作平台"讯飞智文"工具，点击"立即体验"，登录讯飞智文平台，进入"讯飞智文"界面。左边显示列表，中间有功能介绍的示例。也可以直接点击"开始创作"生成PPT。显示有AIPPT、AIWord、AI读写三种形式。其中AIPPT又分为主题创建、文本创建、文档创建、自定义创建四种类型。例如，没有文本或文档内容，只知道大致主题，点击"主题创建"。

进入PPT创作的"主题创建"界面，可以在输入框中输入PPT的主题，还可以选择文档生成语言。另有演讲备注、AI配图选项，可根据需要进行选择，进行AI生成。如果不满意，可以点击"重新生成"。点击"下一步"，显示有多种模板配色方案供选择，可以根据个人喜好，挑选合适模板。再点击"下一步"，根据大纲内容、选择的配色，最终AI自动生成PPT。可以根据需要适当修改、完善内容。

（三）美图秀秀"AIPPT"

美图秀秀的"AIPPT"是一款免费AI生成PPT设计工具。美图AIPPT通过简单输入一句话或关键词，就能快速生成完整的PPT内容，极大地节省了时间和精力。该功能主要是面向需要制作PPT的各类使用者，在演讲、会议展示、教育教学、学术报告等场景中均能发挥重要作用。提供多种模板和主题供选择，以满足不同需求和风格偏好。可以根据自己的需求自定义字体、颜色、背景等元素，使PPT更符合个人风格和需求。AI具备智能排版功能，能够根据上传的内容自动调整PPT的布局和排版，使其更加美观、易读和易懂。

在电脑中打开安装好的"美图秀秀"软件，显示具有图片编辑、海报设计、抠图、拼图、AI变清晰、AI智能消除等功能。选择"AIPPT"，进入AIPPT生成界面。（提示：只需输入一句话，10秒就可以生成PPT。）在中间的输入主题内容框中输入文字就自动生成了PPT。可以在右边调整画布，修改画面布景。完成画布修改后点击"下载"，可以下载到电脑中进一步修改内容，或直接应用。

（四）KimiPPT助手

KimiPPT助手是一款PPT智能生成创新工具。可以通过语音或文字指令，快速生成高质量的PPT。无论是输入关键词、选择主题还是上传文档内容，Kimi都能迅速理解并转化为专业的演示文稿。支持自定义主题、配色与模板，以满足个性化需求。

登录Kimi平台，在左侧选择"PPT助手"。进入PPT助手界面。在中间输入框中输入主题内容，点击"生成"按钮，智能生成大纲内容，可以"复制"或者"分享"大纲内容。如果不满意内容，可以点击"再试一次"按钮。如果满意内容，可以直接点击"一键生成PPT"按钮，进入AI创建PPT界面。（提示：选择一套模板，可以从模板场景、设计风格、主题颜色等方面进行筛选，生成的PPT更符合个人需求。）最后，点击右上角的"生成PPT"，生成一个完整的汇报PPT，可以点"去编辑"再进行修改、完善。

AI图片处理

深圳市龙华区鹭湖外国小学　古兴东

一、简介：WHAT？是什么？

AI图片处理通过训练深度学习模型，使其能够理解和分析图像中的内容，进而实现图像的自动优化、编辑和生成。这种技术结合了图像识别、图像分割、图像增强等多种技术，能够处理包括照片、画作、设计图等在内的多种图像类型。随着技术的不断进步，AI图片处理的应用范围也在不断地拓展。

二、意义：WHY？为什么要用？

（一）图像优化

AI可以识别图像中的模糊部分，通过算法进行清晰化处理，使图像更加清晰锐利。自动调整图像的色彩饱和度、亮度和对比度，使图像色彩更加鲜艳、生动。去除图像中的噪点、模糊等缺陷，以提高图像的整体质量。

（二）图像编辑

利用图像分割技术，将图像中的主体与背景分离，然后替换为新的背景，实现创意合成。自动识别并去除图像中不需要的元素，或添加新的元素，以满足特定的编辑需求。通过算法对人脸进行美化处理，如磨皮、瘦脸、美白等，使人物照片看起来更加美观。

（三）图像生成

将一张图像的风格迁移到另一张图像上，创造出独特的艺术效果。根据输入的文字描述或草图等，自动生成符合要求的图像，如插画、漫画等。

（四）自动化处理

AI可以同时对多张图像进行处理，显著提高处理效率，特别适用于需要处理大量图像的场景，结合云计算和强大的算力，AI可以实现图像的实时处理和分析，满足实时决策和反馈的需求。

（五）个性化与定制化

AI图片处理可以根据使用者的需求和偏好，提供个性化的图像处理方案。例如，在教育领域，可以根据教学需要，为教学展示的图片增加清晰度、定制背景、添加滤镜等效果。

三、案例：WHERE？哪里有用？

（一）百度AI图片助手

百度AI图片助手是一款AI图像处理工具，集成了多种先进的AI技术，旨在提供快速、便捷的图片处理体验。对于模糊或低分辨率的图片，百度AI图片助手能够提供画质修复功能，使图片更加清晰、亮丽。可以直接在搜索结果中点击图片，利用AI技术快速去除图片中的水印，无须再使用复杂的图片编辑软件。也可以通过涂抹的方式，利用AI技术自动消除图片中不需要的物体或人物，实现图像的精准修改。支持对图片进行局部内容的替换，只需在替换区域进行涂抹，并输入要替代的内容关键词，即可实现个性化需求。

打开百度图片平台，除了可以拖入图片，或输入文字搜索外，还提供了图片创作、图片编辑、变清晰、AI去水印、提取线稿等AI创作工具。以及各类创作灵感供选择。点击"图片编辑"，进入"百度AI图片助手"界面，可以支持拖曳、CTRL+V复制上传图片，也可以直接点击"上传图片"按钮。没有合适的图片上传时，平台也提供了一些样例图片供使用。右边栏中显示有变清晰、AI去水印、提取线稿、智能抠图等各种编辑方式。

（二）360AI图片

360AI图片是一款集成了AI技术的图片创作与编辑平台，可以轻松地去除图片中的背景，满足多样化的图片处理需求。支持去除图片中的水印和文字，让图片更加纯净。支持批量商品白底图、透明图及批量换AI背景，提高工作效率。可以一键放大图片不失真、智能修复模糊图片、黑白照片一键上色等功能，让图片质量得到显著提升。提供便捷的证件照制作服务，满足用户的不同需求。可以通过涂鸦或简笔画的方式，轻松生成图片作品。

打开360AI办公软件，在主界面的左边列表中有AI图片、AI文档、AIPPT、AI视频等供选择。点击"AI图片"，在AI图片界面中，显示有AI写真、照片转卡通形象、照片修复、涂鸦生图等功能。拖动滚动条，可以看到还有批量抠图换背景、黑白照片上色、老照片变清晰等功能。点击"老照片变清晰"，中间显示"打开图片"按钮，还可以直接拖动图片，或者粘贴图片。支持多种图片格式，图片长宽尺寸均需要小于8000px。下方还提供几种样图，供测试用。右边显示有AI证件照、黑白照片上色、动漫清晰修复等功能供选择。并显示处理前及处理后的两幅图片作为示例。可以移动图片中间的分割线查看效果。

AI视频生成

深圳市龙华区鹭湖外国小学　古兴东

一、简介：WHAT？是什么？

AI视频生成技术是利用人工智能中的机器学习和深度学习算法，自动创建或编辑视频内容的一种创新技术。这一技术通过解析文本、图像、音频或现有视频片段中的信息，利用先进的模型如卷积神经网络（CNNs）和生成对抗网络（GANs）等，生成全新的视频内容。AI视频生成不仅提高了视频制作的效率，还极大地拓宽了创造性表达。

二、意义：WHY？为什么要用？

（一）提高视频制作效率

AI视频生成技术能够自动化处理视频制作的多个环节，如素材收集、剪辑、特效添加等，从而显著缩短视频制作周期，提高生产效率。

（二）降低制作成本

相比传统的手工制作方式，AI视频生成减少了对专业人员的依赖，降低了人力成本。同时，通过自动化处理，也减少了制作过程中的物料消耗和时间成本。

（三）个性化定制

AI视频生成技术能够根据特定需求，如风格、内容、时长等，生成个性化的视频内容。这种定制化的服务在教育、广告、娱乐等领域具有广泛的应用前景。

（四）创新内容创作

AI视频生成技术能够创造出传统方法难以实现的视觉效果和动画，为内容的创作者提供了更多的创作灵感和可能性。例如，通过AI技术可以生成逼真的虚拟场景、人物和道具，为影视作品增添更多奇幻元素。

（五）提升创作质量

AI视频生成技术在多个领域都有实际应用。例如，在教育领域，AI可以自动制作教学视频，创建复杂的视觉效果和动画，使复杂的学科内容更易于理解和吸收。可以更轻松地制作和编辑视频内容，无须具备专业的视频制作技能。同时，AI生成的视频内容在质量上也能达到较高的水准。

三、案例：WHERE？哪里有用？

（一）即梦AI视频

即梦AI视频是以"让灵感即刻成片"为理念，致力于提供一站式AI创意创作平台，通过自然语言及图片输入，快速生成高质量的视频内容。支持输入单图作为首帧、输入两张图片作为首帧和尾帧，或直接输入文本描述来生成视频。提供运镜控制、速度控制等AI编辑功能，可以根据需要调节视频的运镜效果和运动速度，使视频动效效果连贯性强、流畅自然。为视频中的人物配音并匹配口型，使角色看起来更加的真实、自然。同时，提供多种音色选择并支持上传自己的配音。

打开即梦AI平台，上方有文生图、视频生成、智能画布等功能链接。下方有主题输入框及"即梦成片"按钮。点击"即梦成片"按钮，进入AI创作界面，可以看到AI作图有图片生成、智能画布两种形式。AI视频也有两种形式，分别为视频生成、故事创作。例如，以AI视频中的视频生成为例，点击"视频生成"按钮。进入视频生成界面，有图片生视频、文本生视频两类供选择。选择"文本生视频"，输入希望生成的视频文本信息。运镜控制有随机运镜、上下左右移动、摇镜、旋转、幅度大小等供选择。运动速度也有慢速、适中、快速等可选择。所有设置也可直接按默认，点击"生成视频"按钮，就可以AI生成视频。

点击"生成视频"，稍微等待一段时间，就可以看到生成几秒的短视频。等待时间长短，与电脑、网络及主题内容等因素相关。点击生成的视频，即可以查看效果。如果对生成的视频不满意，可以重新编辑，再次生成。视频生成界面的左边，还有标准模式、流畅模式供选择。生成时长默认是3秒，还可以选择6秒、9秒、12秒等时长。视频比例也有多种供选择。

（二）剪映图文成片

剪映图文成片是一项强大的功能。整个操作流程非常简洁明了，只需选择"图文成片"功能，输入或粘贴文字内容，点击生成视频即可。当输入文字后，会智能分析文字内容，并为其匹配合适的图片、字幕、旁白和音乐，使生成的视频内容既符合文字主题，又具备视觉和听觉的双重吸引力。无需复杂的剪辑技巧，即可快速制作出高质量的视频作品。可以在此基础上进行进一步的编辑和调整。无论是修改字幕样式、调整音乐节奏，还是添加特效和滤镜，都能轻松实现。

在电脑中打开剪映专业版软件，可以看到"开始创作"下面有视频翻译、图文成片、智能裁剪、创作脚本等功能。点击"图文成片"，在主题输入框中填写内容。视频时长分为不限时长、1分钟左右、1~2分钟、3分钟以上四种。考虑节省生成时间，选择1分钟左右。点击"生成文案"，开始智能创作文案。智能创作了多个文案，自动在"图文成片"界面右边的显示框中显示。多个文案主题一样，但是具体构思、环节都不一样。点击右下角的朗诵声音下拉按钮，可以提供朗诵男声、做作夹子音、质感男声、小姐姐等不同声音。选择其中一种，点击"生成视频"，稍后，自动AI生成视频。点击播放，可以查看效果。还可以在此基础上进行进一步的编辑和调整。

智能提取文字

深圳市龙华区鹭湖外国小学　古兴东

一、简介：WHAT？是什么？

智能提取文字是指利用计算机视觉和人工智能技术，自动从图像、扫描文档、PDF文件等载体中提取出其中的文字内容，并将其转换为可编辑、可搜索的数字化文本的过程。这一过程通常被称为光学字符识别（Optical Character Recognition，OCR）的延伸应用，但智能提取文字可能还涉及更高级的功能，如文本布局分析、自然语言处理（NLP）等，以便更准确地理解和提取信息。

智能提取文字的步骤大致可以包括以下几个方面：

1. 图像预处理：为了获得更好的识别效果，建议在拍摄图片时保持光线充足、文字清晰，并尽量避免图片中的文字排版过于复杂或不规则。对输入的图像进行一系列的处理，如去噪、二值化、增强对比度、旋转和倾斜校正等，以提高后续步骤识别的准确率。

2. 版面分析与文本定位：利用算法分析图像的布局，识别出图像中的文本区域，并将其与图片、表格等非文本区域区分开来。这一步对于复杂布局的文档尤为重要。

3. 字符识别：对定位到的文本区域进行字符级别的识别，将图像中的字符转换为计算机可读的字符编码。这通常是通过OCR技术实现的。

4. 文本行/段落重建：将识别出的单个字符按照它们在原文档中的顺序重新组合成文本行或段落。

5. 后处理与优化：对提取出的文本进行进一步的处理，如去除多余的空格、标点符号校正、格式调整、拼写和语法检查等，以提高文本的质量和可读性。

6. 信息抽取：在某些高级应用中，智能提取文字可能还涉及信息抽取（Information Extraction，IE）技术，即从文本中自动抽取出结构化的信息，如实体名称、关系、事件等。

7. 结果输出：将提取并处理后的文本以可编辑、可搜索的格式输出，如TXT、Word、Excel、JSON等格式，以便进一步使用或分析。

二、意义：WHY？为什么要用？

（一）自动化数据录入

对于大量纸质文档或图像中的文字信息，智能提取文字技术可以自动化地将其转换为电子格式，省去了手动输入的烦琐过程，大大提高了数据录入的效率。

（二）文档数字化管理

通过智能提取文字，可以将纸质文档、扫描件、PDF文件等快速转化为可编辑、可搜索的电子文档，便于文档的存储、检索、共享和管理，促进了文档的数字化进程。在移动应用、网页浏览等场景中，智能提取文字技术可以提供更加便捷的信息获取方式，提升使用者的交互体验和满意度。

（三）信息快速检索

将文档中的文字内容提取并转换为数字化文本后，可以利用搜索引擎或其他工具快速检索到所需信息，提高了信息获取的速度和准确性。

（四）无障碍阅读

对于视力障碍人士，智能提取文字技术可以将书籍、杂志、报纸等印刷品中的文字转换为电子文本，再配合屏幕阅读器等辅助设备，可实现无障碍阅读。

（五）多语言支持

随着全球化的发展，智能提取文字技术还支持多种语言的识别与转换，促进了跨文化交流和信息共享。

（六）降低成本

在商业、科研等领域，智能提取文字技术可以从大量文本数据中提取出有价值的信息，用于数据分析、市场调研、知识图谱构建等，为决策提供支持。通过自动化处理，智能提取文字技术可以显著降低人力成本和时间成本，提高企业或组织的运营效率。

三、案例：WHERE？哪里有用？

（一）扫描全能王"提取文字"

扫描全能王是一款功能强大的手机扫描软件，其"提取文字"功能主要通过OCR技术实现，能够自动识别并提取图片、扫描件、PDF文件中的文字内容，并转换为可编辑、可搜索的数字化文本。

利用OCR技术，扫描全能王能够快速、准确地识别图片中的文字，无论是印刷体还是手写体，都能达到较高的识别率。支持中文、英文、日文、韩文等多种语言的识别。可以通过拍照或上传图片的方式，选择需要识别的区域进行文字提取，支持整页识别和局部识别两种模式。识别后的文字可进行编辑、修改，支持复制、粘贴、分享到其他应用或导出为Word、TXT等格式文件。除了文字提取外，扫描全能王还提供自动切边、去噪、增强对比度等图像处理功能，极大地提高了识别准确率。

打开扫描全能王App，可以直接点击上面的"提取文字"按钮。如果没有使用过"提取文字"，此按钮隐藏，可以点"全部"按钮，进入工具箱界面，在扫描服务中，选择"提取文字"。摄像头对准需要识别的文本，按住圆形调整按钮，可以自动框出需要识别的文本范围，还可以通过调整8个小的圆形白色控制点，调整识别区域。点击右下角"下一步"按钮，可以进入识别文本界面，显示智能识别的文字。

（二）百度App提取文字

百度App提取文字的功能是其内置的一项非常实用的工具，主要基于OCR技术实现。允许通过拍照或选择相册中的图片，来快速识别并提取图片中的文字内容。这一功能利用深度学习算法和大数据训练模型，能够高效、准确地将图片中的文字转化为可编辑的文本形式。不仅可以直接在App内查看识别结果，还可以进行复制、编辑、翻译、分享等多种操作，极大地提高了文本处理的效率和便捷性。

打开百度App，进入首页界面。最上面搜索栏有一个"📷"按钮，点击"拍照"按钮可以自动进入"识万物"模式。将摄像头对准需要识别的文本内容，可以进入识万物界面，经智能识别，自动检测到文字。此时保持手机稳定，点击"拍照"按钮，即可进行自动识别。显示自动智能识别的文字，可以根据需要选择"复制、翻译、校对、生成扫描件或导出文档"。点击"展示更多"，可以显示更多识别的文字内容。

（三）QQ浏览器"提取文字"

QQ浏览器的"提取文字"功能是一项非常实用的工具，能够帮助使用者快速、准确地从图片中提取文字内容，并转化为可编辑的文本。"提取文字"功能基于OCR技术实现，通过识别图片中的文字信息，将其转化为可编辑、可复制的文本。这一功能支持多种图片格式，包括但不限于扫描文档、书籍页面、手写笔记、照片中的文字等。

打开QQ浏览器App，进入首页界面，最上面显示有一个"📷"按钮，点击拍照按钮，进入扫一扫界面，可以智能实时识别文字。对准要识别的文本内容，点击"开始扫描"。选择"扫文件"，进入识别界面，有提取文字、扫描文件、转Word、提取表格等功能供选择。选择"提取文字"，点击最下面的"⬛"按钮后，智能识别文本内容，显示提取的文字。

大模型应用

深圳市龙华区第三实验学校　李圆敏

一、简介：WHAT？是什么？

机器学习是人工智能（AI）的一个子领域，它的核心是让计算机系统能够通过对数据的学习来提高性能。深度学习是机器学习的一个子领域，它尝试模拟人脑的工作方式，通过创建所谓的人工神经网络来处理数据。大模型是深度学习的应用之一，尤其近年来随着ChatGPT的诞生，更加强调在自然语言处理（NLP）领域的大语言模型，这些模型的目标是理解和生成人类语言。为了实现这个目标，模型需要在大量文本数据上进行训练，以学习语言的各种模式和结构。

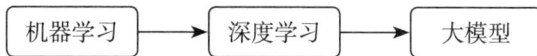

机器学习 ⟶ 深度学习 ⟶ 大模型

大模型是指具有大规模参数和复杂计算结构的机器学习模型。这些模型通常由深度神经网络构建而成，拥有数十亿甚至数千亿个参数。大模型的设计目的是提高模型的表达能力和预测性能，能够处理更加复杂的任务和数据。大模型在各种领域都有广泛的应用，包括自然语言处理、计算机视觉、语音识别和推荐系统等。大模型通过训练海量数据来学习复杂的模式和特征，具有更强大的泛化能力，可以对未见过的数据做出准确的预测。大模型本质上是一个使用海量数据训练而成的深度神经网络模型，其巨大的数据和参数规模，实现了智能的涌现，展现出类似于人类的智能。

相比小模型，大模型通常参数较多、层数较深，具有更强的表达能力和更高的准确度，但也需要更多的计算资源和时间来训练和推理，适用于数据量较大、计算资源充足的场景，如云端计算、高性能计算、人工智能等。

大模型的特点：

1.巨大的规模：大模型包含数十亿个参数，模型大小可以达到数百GB甚至更大。巨大的模型规模使大模型具有强大的表达能力和学习能力。

2. 涌现能力：涌现（emergence）或称创发、突现、呈现、演生，是一种现象。涌现能力指的是当模型的训练数据突破一定规模，模型突然涌现出之前小模型所没有的、意料之外的、能够综合分析和解决更深层次问题的复杂能力和特性，展现出类似人类的思维和智能。

3. 更好的性能和泛化能力：大模型通常具有更强大的学习能力和泛化能力，能够在各种任务上表现出色，包括自然语言处理、图像识别、语音识别等。

4. 多任务学习：大模型通常会一起学习多种不同的NLP任务；如机器翻译、文本摘要、问答系统等。

5. 大数据训练：大模型需要海量的数据来训练通常在TB以上甚至PB级别的数据集。只有大量的数据才能发挥出大模型的参数规模优势。

6. 强大的计算资源：训练大模型通常需要数百甚至上千个GPU，以及大量的时间，通常在几周到几个月。

7. 迁移学习和预训练：大模型可以通过在大规模数据上进行预训练，然后在特定任务上进行微调，从而提高模型在新任务上的性能。

二、意义：WHY？为什么要用？

按照输入数据类型的不同，大模型主要分为以下三大类。

（一）语言大模型（NLP）

语言大模型是指在自然语言处理领域中的一类大模型，通常用于处理文本数据和理解自然语言。这类大模型的主要特点是它们在大规模语料库上进行了训练，以学习自然语言的各种语法、语义和语境规则。

1. 文本翻译：语言大模型最简单的实际应用之一就是翻译书面文本。例如，用户可以向AI助手输入文本，并要求它翻译成另外一种语言，然后应用就会自动开始翻译成自然流畅的文本。同时，语言大模型不仅可以应用于传统的文本翻译，还可以应用于语音翻译、实时翻译等更多的应用场景。

2. 恶意软件分析：大数据模型可以利用大量的数据来建立模型，通过机器学习算法和数据挖掘技术，从中发现恶意软件的特征和行为模式，从而可以更好地对恶意软件进行检测、分类和分析。

3. 创造文本内容：语言大模型的另一个越来越常见的用途是文本内容的创造。各种语言大模型都具备可以按照用户想法，生成博客、长篇文章、短篇故事、摘要、脚本、问卷、调查和社交媒体帖子等一系列书面内容的能力。用户提供的想法越详细，模型输出内容的质量就越高。

4. 搜索：许多刚开始接触语言大模型的用户，首先会尝试将生成式AI作为一种替代搜索的工具。用户只需要使用自然语言向AI程序提问，程序会立即回复，并提供关于相关话题的见解和"事实"。现在市面上已经有非常多的搜索引擎，已经引入语言大模型，来带给用户更好的体验。

5. 代码开发：生成式AI工具不仅能生成自然语言，还能生成例如JavaScript、Python、PHP、Java和C#等编程语言的代码。语言大模型的代码生成能力可以使非技术用户也能生成一些基本的代码。此外，它们还可用于帮助调试现有代码，甚至生成注释文档。

6. 检测和预防网络攻击：语言大模型在网络安全方面的另一个用途是检测网络攻击。这是因为语言大模型有能力处理在整个企业网络中收集的大量数据，并能深度分析，判断存在恶意网络攻击的模式，从而发出警报。

7. 虚拟助理和客户支持：AI虚拟助理允许客户即时询问有关服务和产品的问题、申请退款和报告投诉。对公司的用户来说，它缩小了获取人工支持以及问题解决的时间；对企业来说，它使重复性的支持变成了自动化任务，减小成本。

8. 转录：语言大模型能够将音频或视频文件高精度地转录为书面文本，这一点也受到了业界的广泛关注。与传统的转录软件相比，语言大模型的优势之一就是自然语言处理（NLP），从而能够精准推断出音视频中语句的上下文及其隐藏含义。

9. 市场调研：生成式AI能够对大型数据进行总结和推理，因此也是企业进行市场调研分析，深入了解产品、服务、市场、竞争对手和客户的有用工具。语言模型通过处理用户的文本输入或数据集，对趋势进行书面总结，提供对买家角色、差异化竞争、市场差距的见解，以及其他可用于长期业务增长的信息。

10. SEO关键词优化：人工智能助手在SEO关键词优化过程方面也能发挥重要作用。通过工具分析，充分满足用户的需求特征、清晰的网站导航、完善的在线帮助等，在此基础上使得网站功能和信息发挥最好的效果。

（二）视觉大模型（CV）

视觉大模型（CV）是指在计算机视觉（Computer Vision，CV）领域中使用的大模型，通常用于图像处理和分析，其主要解决的问题就是：看懂图像里的内容。这类模型通过在大规模图像数据上进行训练，可以实现各种视觉任务，如下：

1. 图像识别：图像识别是视觉大模型最直接的应用场景。通过训练，模型可以识别出图像中的物体类别、人脸表情等。

2. 目标检测：目标检测是计算机视觉领域中的另一重要任务。视觉大模型能够准确识别出图像中的物体，并给出其位置信息。

3. 语义分割：语义分割要求模型将图像中的每个像素分配给相应的类别。视觉大模型能够捕获图像的全局信息，从而更准确地完成语义分割任务。

4. 实例分割：除了语义分割之外，实例分割将不同类型的实例进行分类，比如用5种不同颜色来标记5辆汽车。我们会看到多个重叠物体和不同背景的复杂景象，我们不仅需要将这些不同的对象进行分类，而且还要确定对象的边界、差异和彼此之间的关系。

5. 人体关键点检测：人体关键点检测是通过人体关键节点的组合和追踪来识别人的运动和行为，对于描述人体姿态，预测人体行为至关重要。

6. 场景文字识别：场景文字识别是在图像背景复杂、分辨率低下、字体多样、分布随意等情况下，将图像信息转化为文字序列的过程。

7. 目标跟踪：目标跟踪是指在特定场景跟踪某一个或多个特定感兴趣对象的过程。传统的应用就是视频和真实世界的交互，在检测到初始对象之后进行观察。

（三）多模态大模型

多模态大模型是指能够处理多种不同类型数据的大模型，如文本、图像、音频等多模态数据。这类模型结合了NLP和CV的能力，以实现对多模态信息的综合理解和分析，从而能够更全面地理解和处理复杂的数据。

1. 图表理解和数据推理：模型必须读取文本，理解不同数据点之间的连接并对其进行推理，以推荐一个有趣的要点并遵循指令生成Markdown表格。

2. 回答一个多模态的信息查询：模型能够识别图像中显示的特定植物，并提供有关它的信息。即使存在输入错误，模型仍然能够理解用户的问题，这展示了模型的健壮性。

3. 生成交错的文本和图像：模型能够紧密遵循指令来生成使用博文，博文带有紧密相关的图片，并在所有图像中显示高水平一致性。

4. 图像理解和推理：解决一个多模态推理问题。该模型能够识别图像中的形状、理解它们的属性并推理它们之间的关系以预测下一个对象。

5. 几何推理：解决一个几何推理任务。尽管指令不是很清楚，但模型能够很好地理解任务，并能够提供有意义的推理步骤。

6. 使用多模态输入解决谜题：模型识别图像中的物体，并识别出能够衔接两个物体的共同点。

7. 识别图像中的物体：即使图像中存在轻微的视觉失真也能识别出该物体是什么。基于这个图像，模型还能够正确确定拍照人精确的位置。

8. 多模态幽默理解：对图中的幽默进行解释。模型不仅展示了描述图像中所发生的事情的能力，而且还展示了能够在图像或提示中没有明确提及文化背景的情况下理解图像所蕴含的意义。

三、案例：WHERE？哪里有用？

（一）国外大模型

ChatGPT：OpenAI官网上介绍，已经训练了一个名为ChatGPT的优化对话的语言模型，它以对话方式进行交互。ChatGPT目前系统功能主要是由文本生成、聊天机器人、语言问答、语言翻译、自动文摘、绘画功能、编程功能、视频生成八大功能模块组成。

（二）国内大模型

1. 深度求索-DeepSeek：深度求索DeepSeek大模型是一款专注于高效认知与多模态理解的人工智能模型，凭借其卓越的上下文理解能力和精准的任务执行性能，在复杂场景中表现出色。相较于其他大模型，DeepSeek在中文语义深度解析、知识推理效率以及多模态融合应用上具有显著优势，能够提供更智能、更可靠的解决方案。

2. 复旦-MOSS：复旦大学MOSS大模型是国内第一个发布的对话式大型语言模型。它可以执行对话生成、编程、事实问答等一系列任务，打通了让生成式语言模型理解人类意图并具有对话能力的全部技术路径。

3. 百度-文心一言（文字）/文心一格（图像）：文心一言是由百度公司开发的人工智能语言模型，能够帮助用户完成各种任务，包括文本问答、文学创作、解答数学题等。该模型基于深度学习技术进行训练和优化，具有知识增强、多轮深度对话、多语言支持等技术特点。

文心一格，AI艺术和创意辅助平台，依托飞桨、文心大模型的技术创新推出的"AI作画"产品，可轻松驾驭多种风格，人人皆可"一语成画"。

4. 科大讯飞-星火：讯飞星火大模型是科大讯飞推出的新一代认知智能大模型，拥有跨领域的知识和语言理解能力，能够基于自然对话方式理解与执行任务。

5. 阿里云-通义：阿里云通义大模型是阿里大模型统一品牌，覆盖语言、听觉、多模态等领域，致力于实现接近人类智慧的通用智能，让AI从"单一感官"到"五官全开"。通义千问是阿里巴巴自研的预训练语言模型，具有多轮对话、文案创作、逻辑推理、多模态理解、多语言支持等功能。

6. 字节跳动-云雀：字节跳动基于云雀大模型开发了一款生成式AI助手"豆包"。用户通过与豆包进行对话，可自动生成歌词、小说、文案等文本内容。每段回答中除了文字外，也会由数字人豆包进行语音回答。

7. 智谱华章-智谱清言：智谱清言是由北京智谱华章科技有限公司开发的一款生成式AI聊天助手。该助手基于智谱AI自主研发的中英双语对话模型ChatGLM2，经过万亿字符的文本与代码预训练，并采用有监督微调技术，以通用对话的形式为用户提供智能化服务。

8. 华为-盘古：华为盘古大模型是国内首个全栈自主的AI大模型，有盘古NLP大模型（对话问答、代码生成、文案生成、Versatile、NL2SQL），盘古CV大模型，盘古多模态大模型（图形生成、图像编辑、3D生成）、盘古预测大模型、盘古科学计算大模型等，成为各组织、企业、个人的专家助手。

9. 中国科学院-紫东太初：紫东太初是中国科学院自动化所与MindSpore社区联合打造的全球首个图、文、音三模态大模型。紫东太初将文本+视觉+语音各个模型高效协同，实现超强性能，在图文跨模态理解与生成性能上都能领先目前业界的SOTA模型，高效完成跨模态检测、视觉问答、语义描述等下游任务。

10. 百川智能-百川大模型：百川智能成立于2023年4月，发布了Baichuan-

7B、Baichuan-13B两款开源可免费商用的中文大模型，并且在多个权威评测榜单均名列前茅。

11. 商汤-商量SenseChat：商汤正式推出了商量SenseChat，是国内最早发布的千亿参数大语言模型之一。目前，它在语言、知识、理解、推理和学科五大能力上均处于行业领先水平，可以处理各类文本和信息，成为随身综合知识库、高效文本编辑器、数理计算器和简单易用的编程助手。

12. MiniMax-ABAB：MiniMax成立于2021年，自成立以来，MiniMax在AI领域取得了显著的进展。该公司已经发布了包括文本到视觉、语音、文本的三个基础模型架构，并推出了自主研发的通用大模型"ABAB"。MiniMax提供了海螺AI大模型的应用。

13. 上海人工智能实验室-书生通用：书生通用大模型突破了光标指令交互、利用语言定义任意任务和轻量级自适应融合等多项关键技术，实现了开放世界理解、多模态交互和跨模态生成三大能力，支持350万种语义标签。

14. 腾讯-混元：腾讯混元大模型是由腾讯研发的大语言模型，具备强大的中文创作能力、复杂语境下的逻辑推理能力及可靠的任务执行能力。腾讯混元大模型拥有超千亿参数规模，预训练语料超2万亿tokens，具有强大的中文理解与创作能力、逻辑推理能力及可靠的任务执行能力。

绘本智能创作

深圳市龙华区鹭湖外国小学　古兴东

一、简介：WHAT？是什么？

绘本智能创作是指运用人工智能技术通过计算机程序设计，实现绘本的自动创作。此类创作办法将传统的绘画、文字创作与技术相结合，使得绘本更具互动性、趣味性和创新性。通常基于一个在线平台或工具，操作便捷，无需专业绘画基础，即可创作出精美的绘本。内置丰富的素材库，包含人物、动物、植物、建筑等，使用者能够自由组合搭配，打造个性化的绘本故事。通过人工智能技术，平台能够自动识别客户的绘画意图，实现智能绘图，让创作更加轻松。支持语音输入功能，使用者可边说边画，提高创作效率。绘本创作还可以实现与读者的互动，如通过语音识别、触摸屏等技术，让读者参与故事情节的发展，升级阅读体验。

二、意义：WHY？为什么要用？

（一）辅助课堂教学

绘本智能创作可作为一种辅助工具，帮助教师开展课堂教学。教师可以利用生成的绘本故事进行情境教学，增强学生的理解和记忆。

（二）提供个性化阅读材料

绘本智能创作平台可以根据孩子们的阅读偏好和年龄特点，生成个性化的绘本故事，满足不同年龄和阅读水平的孩子需求。

（三）促进文化传承与交流

绘本智能创作还可以将中国传统文化与现代科技相结合，推出具有中国特色的绘本作品，弘扬民族文化，促进文化交流。

（四）激发阅读兴趣

绘本智能创作能够生成色彩鲜艳、形象生动的插图，结合有趣的故事情节，吸引孩子们的注意力，激发他们的阅读兴趣。

（五）培养想象力和创造力

孩子们可以通过智能推荐系统选择合适的素材，来构建属于自己的绘本故事。这种创作过程有助于培养他们的想象力和创造力。

三、案例：WHERE？哪里有用？

（一）文心一言，童话故事配图

文心一言的童话故事配图功能，旨在通过人工智能技术，自动生成与童话故事内容相匹配的精美插图。这些插图不仅色彩鲜艳、形象生动，还能准确地捕捉到故事中的情感和氛围，为使用者提供更加丰富和立体的阅读体验。

进入文心一言平台，在左侧列表中，点击"百宝箱"，选择"精选"栏，通过滚动条找到"童话故事配图"并点击，进入童话故事配图界面。在下面的输入框中，输入描述内容，点击发送按钮，即可完成根据描述内容智能生成故事。故事分为若干个环节。拖动移动滚动条，可以看到生成的故事。如果不满意，可以点击"重新生成"按钮。根据生成的故事内容，还可以点击"智能配图"，生成图片。也可以继续完善，或者再次进行创作。

（二）讯飞星火，有声绘本创作助手

讯飞星火有声绘本创作助手是一款基于人工智能技术的创新工具，旨在辅助使用者进行有声绘本的创作。可以根据自己的喜好和需求，设置不同的创作参数，如故事主题、角色设定、情节走向等。有声绘本创作助手会根据这些参数，为用户生成个性化的有声绘本故事。该助手不仅能够生成文字内容，还能够根据故事内容，自动生成与之匹配的绘本图像。这种文字与图像的完美结合，使得有声绘本更加生动有趣，易于吸引读者的注意力。助手还具备智能优化功能，能够对生成的故事内容和绘本图像进行自动调整和优化。

打开讯飞星火平台，在左侧列表中，点击"有声绘本创作助手"。进入创作界面，有多个角色形象供选择，若没有合适的还可以点击"换一批"。例如，选择小兔子形象，进行创作。在下面的主题描述框中，可以输入内容，点击发送。

根据主题要求，创作了一段童话故事，并智能创作了一幅配图。如果觉得不合适，可以点击"重绘"，根据创作的内容，继续输入内容描述，接着创作。故事、配图全部创作完成后，可以选择想要生成绘本的图文。然后，点击"生成绘本"按钮，自动生成上面有配图、下面显示故事内容的绘本。可以进行分享或收藏。

AI教学行为分析

深圳市龙华区鹭湖外国语小学　沈佳敏

一、简介：WHAT？是什么？

AI教学行为分析是指利用图像识别算法和数据分析技术来监测和评估学生在课堂上的表情状态、课堂表现和互动行为。通过摄像头采集学生的图像数据并对其进行分析，系统可以评估学生的参与度、专注度和互动质量，为教师提供实时的反馈和支持。这种技术有助于教师更好地了解学生在课堂上的学习情况，同时也可以提供个性化的教学指导，促进学生的学习效果和学习体验。

二、意义：WHY？为什么要用？

AI教学行为分析在教育领域有着广泛的应用和重要的价值，主要体现在以下几个方面。

（一）个性化学习

AI教学行为分析可以根据学生的学习行为数据和表现，为每位学生提供个性化的学习推荐和指导。通过分析学生的学习习惯、弱点和学习风格，系统可以提供定制化的课程内容和学习路径，帮助学生更高效地学习。

（二）实时反馈与调整

AI教学行为分析系统可以实时监测学生的学习状态和表现，并及时提供反馈给教师。教师可以根据系统的分析结果，调整教学策略和方法，针对性地帮助学生克服学习难点，提高学习效率。

（三）教学质量评估

AI教学行为分析可以帮助学校或教育机构评估教学质量和学生学习效果。通过分析学生的学习数据和行为，系统可以评估教学过程中的效果和改进空间，为教育决策提供科学依据。

（四）课堂管理与监督

AI教学行为分析系统可以监控学生课堂上的参与度、专注度和互动情况，帮助教师更好地管理课堂秩序和提高教学效率；还可以提供课堂实况记录和分析，为教师提供更全面的课堂管理支持。

（五）学生辅导与支持

AI教学行为分析系统可以为学生提供个性化的辅导和支持。通过分析学生的学习数据和行为，系统可以识别学生的学习困难和需求，为其提供针对性的学习建议和支持，促进学生的学习进步。

三、案例：WHERE？哪里有用？

（一）一体机摄像头智能识别

一些智能一体机内置摄像头，可结合学校课表开启课堂自动录制，实时统计学生出勤人数。课堂上，AI摄像头具备智能分析算法，可分析学生前排就座率、抬头率及课堂活跃状态，还可实现学生随机抽选，调动学生上课积极性。可以对课堂实时考勤、行为监测，从不同维度生成可视化的课堂质量报告。可以对教学语言进行分析归类，帮助教师优化教学习惯；还可以显示学生课堂状态、活跃度指标，帮助教师改进教学模式等信息。

（二）AI课堂行为分析系统

有一些AI课堂行为分析系统，可以对学生在课堂上的表情状态、课堂表现和互动行为进行实时监测和评估。AI课堂行为分析系统通过摄像头采集学生的图像，并通过算法分析学生的表情、姿态和互动行为，从而评估学生的参与度、专注度和互动质量。AI课堂行为分析系统通过实时监测学生的行为，系统可以及时发现学生的不良学习状态，并提醒教师采取相应措施，为教师提供科学依据，进一步改善教学质量。

（三）录播教室智能分析系统

一些智慧录播教室，可实现常态高清录播、直播点播、互动录播、IP对讲、无感考勤、行为分析、多媒体管理、物联管控、扩声、运维巡检、巡课评课、远程集中管控等功能，形成集"教、学、管、评、维"的统一化、科学化、智慧化综合性管理、教学、学习服务系统。可以实现无感考勤，支持多角度、分区域实时人脸抓拍巡航扫描，将学生的到课、迟到、早退等信息完整地记录下来，以实现自动考勤。AI行为分析可对课堂教学过程进行分析测评，实现对学生的抬头率、点头率、听讲、起立、阅读、书写、举手、趴桌子等行为分析，最终汇聚分析成教学行为数据、学生课堂行为数据，通过图形化界面呈现课堂教学分析评测结果。

智慧纸笔课堂

——AI赋能精准教学

深圳市龙华区教育科学研究院　陈剑城

一、简介：WHAT？是什么？

随着科技的进步，传统的教育工具正在逐渐被新型的智慧纸笔所取代。智慧纸笔不仅具有传统纸笔的基本功能，还具有数字化、智能化等特点，为教育领域带来了革命性的变革。智慧纸笔书写技术是对传统纸笔书写的信息技术赋能，它与传统课堂教学的融合为当前信息化教学"屏幕过度依赖"带来的健康和教学问题提供新的解决方案，因而可能会成为一种新型的智慧课堂教学形态。

二、意义：WHY？为什么要用？

（一）纸笔数字书写技术

纸笔数字书写，是对手持工具进行自然书写产生的轨迹或图形等视觉符号进行数字化处理的过程。实现书写数字化的方式包括前期数字化和同步数字化两种，前者是通过拍照、扫描等方式对任意书写笔迹进行后期采集以获得数字化的笔迹；后者则是通过特殊的智能书写工具实现书写笔迹与过程的实时采集与处理，无需后期处理，由于这种方式保留了纸笔书写的行为习惯，因此又被称为纸笔数字书写。

目前实现纸笔数字书写技术主要有电磁感应技术和光学点阵技术两种。基于电磁感应技术的智能书写笔通过电磁信号实现书写数据的采集和传输，书写时须将纸张覆盖在专门配备的电磁垫板的限定位置，垫板后台系统对笔触坐标时采样得到笔触运动的记录点集，由此还原书写笔迹。这一技术对纸张没有特殊要求，目前可支持对100多页厚度的纸张上书写笔迹的识别。基于光学点阵技术的智能书写笔通过光学信号实现书写数据的采集和传输，需要在印有点阵图案的普通纸张上书写，通过智能笔前端的高速摄像头随时捕捉笔尖的运动轨迹，同时压力传感器将压力数据传回数据处理器，从而实现对包括纸张类型、来源、页码、位置、笔迹坐标、运动轨迹、笔尖压力、笔画顺序、运笔时间、运笔速度等书写信息的精准数字化还原。从某种程度上说，纸笔数字书写技术是对传统纸笔书写的信息技术赋能、以期在实现纸笔自然书写的同时让书写信息得到数字化呈现和智能化处理。

（二）智慧纸笔书写技术的运用设计

智慧AI作业系统通过在教室内部署物理环境（硬件：点阵笔、智能作业本、铺码教辅、智慧笔盒）实现课堂纸笔书写，借助教室虚拟环境（软件：AI作业平台），实现互动课堂教学，教师端、家长端、校长端、教育局端等多端应用，同时采用云平台实时采集教学数据，配合大数据、云计算分析采集的师生教学数据，形成学情分析报告，并反馈给管理者，实现管理者对教学工作的精准决策及改革。提供校本作业、教辅作业等多种作业方式，通过AI作业云平台和4G笔盒的支持，实现在班级内可多人同时书写作业和回家完成作业的场景，同时客观题支持智能批改，主观题支持老师不限时间、空间的灵活批改，并辅以作业时长和质量自动统计功能；建立互动教学环境，实时采集课堂教与学的数据、课堂行为数据及学情数据，实现学生的互动式学习，老师的互动教学、课堂测验及课后辅导，学校的教学信息化管理，全面推进学校的智慧校园建设步伐。同时根据需要为学校、教育局等单位提供数据应用功能，全面展示各个班级、各个教师、各个学生的课前、课中、课后的教学情况。

三、案例：WHERE？哪里有用？

（一）智慧纸笔书写技术的平台功能

教育局端将实时同步区域相关数据，并以直观的图表形式呈现，方便管理者对当前区域内的整体教育教学情况有全面、直观的了解。教师与学生在教学全过程数据的实时呈现，可满足教育局全方位监管需求，对异常情况可快速作出反应，提高管理效率。方便教育管理者对不同时间的周期数据进行对比分析，了解教育教学质量发展进程，结合具体数据，可回溯相关教育管理决策或教育行为与成果质量之间的关系，有利于反思决策和管理行为的利与弊，为后续决策和管理优化提供参考。

（二）教师端主要从课前、课中、课后三个环节对教师的教、管、评、测等教学相关行为进行智能化辅助

其主要包括以下三方面的功能：

1. 丰富资源支持：基于统一知识标签体系的资源和习题卷库管理工具，为教师教学设计、课堂互动、作业、测验等教学环节全过程提供资源支撑。可灵活建设和管理教师个人教学资源库，同时可随时获取市、区、校等各级优质共享资源，并支持团队形式共建共享。

2. 智能便捷工具：针对教师各类高频工作的智能化工具，如切图出题、智能组卷、答题卡设计、作业发布与管理、学生作答数据收集/统计、自动批改、自动班级共性错题集等各种智能工具，切实有效帮助教师减负；提供WEB端和移动端等不同形式入口，最大程度上方便教师开展工作。

3. 高效数据支撑：所有数据实时采集，自动统计分析。实时反馈学生课堂应答情况、作业完成情况、阶段性知识点掌握情况等。让教师可以对教学策略快速做出针对性调整，以此提升教学质量。

第三章 教育管理

人脸识别门禁

深圳市龙华区鹭湖外国语小学　林泽珊

一、简介：WHAT？是什么？

人脸识别门禁是一种基于人脸识别技术的安全管理系统，它利用计算机图像处理与生物统计学原理，通过捕捉和分析个体的面部特征来验证其身份，并控制出入权限。这种门禁系统不再依赖于传统的门卡、密码或钥匙，而是通过高精度的面部识别算法来确认个体身份，从而实现安全、便捷的出入管理。

人脸识别门禁系统通常由摄像头、处理器和门禁控制器等部分组成。当有人员需要进入门禁区域时，摄像头会捕捉其面部图像，并将其传输到处理器中进行识别和分析。处理器会根据预先录入的面部信息进行比对和验证，如果验证通过，则门禁控制器会打开门禁，允许人员进入。

由于人脸识别门禁系统具有高度的安全性和便捷性，因此被广泛应用于学校、小区、办公楼、政府机构、娱乐场所、工地等多种出入场景。

二、意义：WHY？为什么要用？

人脸识别门禁系统作为一种先进的安全管理系统，具有高度的安全性、便捷性和智能化特点，人脸识别门禁系统的作用主要体现在以下几个方面。

（一）提高安全性

人脸识别门禁系统通过高精度的人脸识别算法，可以准确验证个体身份，有效防止非法入侵和未经授权的人员进入，大大提高了门禁区域的安全性。

（二）提高效率

传统的门禁方式如刷卡、密码等可能存在忘记、丢失或被盗用的风险，而人脸识别门禁系统则无需携带任何物品，只需面对摄像头即可快速完成身份验证，大大提高了出入效率。

（三）方便管理

人脸识别门禁系统可以将进出记录、人员信息等数据进行实时统计和记录，方便管理人员进行查看和分析，提高了门禁管理的效率和准确性。

（四）智能化管理

通过与智能家居、智能安防等系统的联动，人脸识别门禁系统可以实现更加智能化的管理，如自动识别内部人员、自动记录进出时间等，为人们的生活和工作带来更多的便利。

三、案例：WHERE？哪里有用？

（一）人脸识别门禁系统

人脸识别门禁系统采用了先进的人脸识别算法和高清摄像头，能够快速准确地识别人脸信息，实现无感知门禁控制；具有超强的感应和判断能力，可以通过高密度的红外对射自动识别通道内的人员状态，如小孩、老人及携带物品人员等，起到智能防夹、防尾随功能，为出行提供更完善的通行体验。

人脸识别门禁系统在学校的应用，不仅提高了出入管理的安全性和便捷性，还提升了整体管理效率，为学校的安全管理工作提供了有力的支持。该系统不仅适用于学校的大门口，还可以应用于宿舍、图书馆、实验室等场所。学生在进行人脸识别通行的同时，学校的监控室可以实时查看校园各处的人脸识别门禁情况。此外，该系统还可以提供全数字化出入口监管系统，提高整体管理效率。

（二）食堂人行通道闸机

人脸识别门禁在餐厅自动统计方面已经有了比较成熟的应用，通过结合人脸识别技术和智能设备，餐厅可以实现自动化的用餐统计和管理。通过采用人脸识别技术，可以快速、准确地识别通行人员的身份，确保只有内部职工或已授权人员可以进入食堂，当识别到已授权的员工或内部职工时，闸机将自动启动门禁，允许其通过，无需手动操作或等待。食堂人行通道闸机支持刷脸支付功能，员工在通过闸机时，系统可以自动从员工的个人账户中扣除相应的用餐费用，无需现金或刷卡支付。闸机可以实时收集并分析通过闸机的就餐者数据，包括通行人数、通行时间、消费金额等，为食堂管理者提供决策支持。

智能签到

深圳市龙华区鹭湖外国语小学　陈芬琪

一、简介：WHAT？是什么？

智能签到系统，指的是根据多点触摸、二维码、RFID的各项感应技术，结合市场应用需求，体验至上、技术完善、功能全面的电子签到技术。系统覆盖多点触摸、二维码凭证、RFID三大签到主流领域。

关于学生课堂的签到管理，国内外学者早已研究多年，例如，通过学生校园卡标识签到；通过RFID技术结合人脸识别进行现场确认；对标识学生的二维码进行扫描识别来进行课堂签到等，这些方法在一定程度上解决了传统的考勤签到问题，然而也存在部署RFID识别器、指纹扫描机等硬件设备烦琐、成本高和考勤签到过程浪费时间等缺陷。

基于人脸识别的智能教室签到系统，该系统利用部署在教室里的摄像头，现场实时采集人脸图像数据，存储到摄像头图片库，Web应用层从摄像头图片库读取到图片数据之后，调用人工智能系统API来分析和处理数据，分析的结果实时显示在界面上，并将结果同步存储到应用层数据库用作历史分析和查找。

二、意义：WHY？为什么要用？

智能签到系统作为一项创新的管理工具，为学校管理带来了巨大的便利和改变，有利于推动学校管理革新。

（一）提高考勤效率

传统的纸质签到方式存在诸多问题，如学生代签、数据错误等。而智能签到系统通过使用现代化的技术手段，如刷脸识别、指纹识别等，可以实现学生真实身份的验证和记录。学生只需在设备上进行简单操作，即可完成签到流程。这就大大节省了学生和教师的时间，提高了考勤的效率。此外，智能签到系统还能自动生成考勤报表和统计数据，方便教师对学生出勤情况进行监控和分析。

（二）减少人工错误与篡改

传统的手工签到容易出现学生刷卡或代签的情况，导致签到数据不准确。而智能签到系统通过自动化的身份验证和记录，避免了人工操作中可能出现的错误和篡改。学生的身份信息被准确记录，数据的真实性得到保障。这为学校管理提供了更加可靠与准确的数据支持。

（三）创新教学模式

智能签到系统的应用还有助于创新教学模式。通过智能签到系统，教师可以实时掌握学生出勤情况，并及时进行教学调整。此外，智能签到系统也可以结合其他教育技术工具，如在线学习平台、智能课堂等，形成多元化的教学模式。学生签到过程中的数据可以与学习成绩、参与度等指标相结合，为教师提供全面的评估依据，促进个性化教学的实施。

（四）加强安全管理

智能签到系统还有助于加强学校的安全管理。通过智能签到系统，学校可以精确掌握学生进出校园的时间和地点，以便在紧急情况下做出相应的应对措施。此外，智能签到系统还可以与学生家长绑定，及时地向家长发送学生的签到情况和校园安全通知，增强安全意识和亲子沟通。

（五）促进家校合作

智能签到系统为家校合作提供了更多机会。通过智能签到系统，家长可以实时了解孩子的签到情况，确保孩子的安全和出勤情况。同时，家长还可以通过签到系统与教师进行在线沟通和交流，了解孩子在学校的表现和需要关注的问题。这样有助于建立良好的家校合作关系，共同关注学生的学业和成长。

三、案例：WHERE？哪里有用？

（一）定位打卡

利用手机上一些软件的定位功能，实现打卡。打卡人员直接使用手机作为打卡设备，可通过手机定位、连接指定Wi-Fi来确定打卡范围，相比传统打卡更加的自由灵活。在打卡地点的选择上，若打卡方式为手机打卡，企业微信会通过确认打卡人打卡位置，或判断打卡人是否连接上办公地点的Wi-Fi为主要依据，满足其中任意一项即可打卡。

具有Wi-Fi打卡功能，添加办公地点的Wi-Fi，手机连上此Wi-Fi即可打卡。还可以使用拍照打卡功能，为防止打卡作弊，可设置打卡时必须拍照。可以查看/导出打卡记录，可看到缺卡人员。

（二）智能签到

"签到"功能支持微信签到和字段签到。支持对签到权限进行限制，同一设备仅能签到一次，可以有效防止代签。签到日期和时段，只允许特定时间段进行签到，其余时间段均不可签到。地理位置签到，限定签到时手机所处的位置，参会者只有到达签到范围内方才可以进行签到。

智能安全预警

深圳市龙华区鹭湖外国小学　古兴东

一、简介：WHAT？是什么？

校园智能安全预警系统是集成了先进技术和智能化管理手段的综合安全管理系统，旨在提高校园的安全防范能力和应急响应速度。通过信息化技术与物联网相结合，利用视频监控、智能图像分析、人脸识别、传感器监测等多种技术手段，对校园内的安全情况进行实时监测、分析和预警。该系统能够实现对校园内各个区域、各种安全隐患的全面覆盖和精准识别，为校园安全提供强有力的技术保障。

二、意义：WHY？为什么要用？

（一）监控与异常检测

系统能够实时监控学校建筑、走廊、宿舍等公共区域的安全情况，通过智能图像分析技术，自动识别并预警异常行为，如打架、翻墙、攀高等。利用人脸识别技术，系统可以准确辨别校内人员身份，防止非授权人员进入校园，提高校园的安全防范水平。

（二）安全隐患预警

系统能够监测校园内的各种安全隐患，如火灾、实验室危化品泄漏等，并通过传感器等设备实时发出预警信号，以便能及时疏散学生和教职工，减少损失。对于校园内的禁止区域，系统可以进行监控，防止学生擅自进入，确保校园秩序和安全。

（三）防欺凌预警

针对校园欺凌问题，系统可以提供智能音频预警服务，通过智能音频分析仪完成音频采集和智能分析，识别出蕴含风险的关键字和异常声音，及时预警欺凌行为。防欺凌预警系统还支持多种报警方式，如AI语音敏感词报警、手动按钮报警等，确保在欺凌事件发生时能够迅速响应。

（四）提高应急响应速度

系统能够实现与校园安全管理中心的联动，将告警信息即刻推送给校园安全管理人员，使其能够迅速地采取应对措施，提高应急响应速度。同时，系统支持多种接警方式，如电脑端接警、接警主机接警、手机端接警等，满足不同需求，实现实时对讲、喊话等功能。

（五）数据分析与决策支持

系统能够收集和分析大量的安全数据，为校园管理提供科学依据。通过对数据的深度挖掘和分析，可以揭示出潜在的安全风险和隐患，为校园安全决策提供支持。系统还支持预警音频和信息的实时上传和留存，便于后续的调查和复核工作。

三、案例：WHERE？哪里有用？

（一）校外可疑人员智能预警

校外可疑人员智能预警是校园智能安全预警系统中的一个重要组成部分，它主要通过视频监控、人脸识别、行为分析等技术手段，对校园周边及入口处的可疑人员进行实时监测和预警。主要在校园大门、主要入口等关键区域安装高清摄像头，实现全天候、无死角的视频监控。通过视频监控系统，可以实时查看校园周边及入口处的动态情况。结合人脸识别技术，对靠近校园的人员进行身份验证。系统会将捕捉到的人脸图像与预设的数据库进行比对，识别出校外人员或未经授权的人员。利用智能图像分析技术，对监控视频中的行为进行自动识别和分析。当发现可疑人员，及时进行预警，校园会立即触发预警机制，启动紧急预案，校园安保相关人员迅速做好校园安全防范，并及时报警，实现学校与公安联动。

（二）校园围墙入侵预警

校园围墙入侵预警系统通常包括视频监控、入侵检测设备、报警装置及后台管理系统等多个组成部分。这些设备相互配合，形成一个完整的入侵预警体系，实现对校园围墙的全方位、全天候监控。在围墙顶部或周围关键位置安装高清摄像头，实时捕捉围墙周边的图像信息。通过视频监控系统，安保人员可以直观地了解围墙周边的情况，及时发现异常行为。采用红外对射、微波探测、振动感应等入侵检测技术，对围墙进行无死角监测。当有人或物体试图翻越围墙时，这些设备会立即触发报警信号。结合人脸识别技术和智能图像分析算法，系统能够自动识别围墙周边人员的身份和行为特征。对于未经授权的人员或异常行为，系统会进行重点监控并发出预警。当系统检测到入侵行为时，会立即启动报警装置，发出声光报警信号，同时向校园管理中心发送预警信息。这有助于安保人员迅速响应并采取措施。

（三）校园内风险紧急预警

校园内风险智能监测紧急预警系统，通常利用视频监控技术和人工智能算法，对校园监控画面中的目标进行7×24小时实时监测，确保不遗漏任何异常情况。当检测到有人跌倒时，或者走廊楼梯追逐时，或者校园打骂时……立即触发风险预警机制，通知学校相关管理人员进行紧急处理。例如，通过人工智能算法对监控画面中的目标进行智能识别，准确判断有人跌倒事件，立即触发预警机制，通知校医、值日老师、班主任等相关人员迅速进行处理。

（四）人流密集预警

校园人流密集预警是校园安全管理中的重要环节，旨在预防和减少因人流密集而引发的踩踏、拥挤等安全事故。特别是校园楼梯口在上下学、课间休息等时段人流密集，易发生踩踏事故。在楼梯口安装高清监控摄像头，24小时不间断地监控人流情况。预警系统能实时监测人流密度，利用人工智能算法对监控视频进行分析，实时计算人流密度，并与预设的阈值进行比较。

通过智能化手段，预警系统能自动识别人流密集区域，减轻管理人员的工作负担，提高安全管理效率。当人流密度达到或超过预设阈值时，预警设备会发出声光警报，并通过广播系统向全校发出预警通知，提醒学生注意安全，增强学生的自我保护意识。

智能图书借阅

深圳市龙华区鹭湖外国语小学　林泽珊

一、简介：WHAT？是什么？

智能图书借阅是指利用物联网技术、云计算技术、计算机技术、互联网通信技术、远程监控技术等高新技术，将传统图书馆服务在时间和空间上进行延伸，为读者就近提供全天候的图书自助阅读和借还等服务的新型图书借阅模式。

在智慧图书馆中，读者可以通过自助图书借阅机进行自助借书、还书、借阅查询、续借操作和逾期操作等，无需传统的手工登记方式，借还书的效率更高，真正体验到智慧图书馆的智能、高效与便捷。

在中小学智慧图书借阅中，一般会采用RFID（无线射频识别）技术，给每本图书贴上RFID标签，通过智能图书管理系统实现图书的自动化盘点、快速定位和自助借阅等功能。学生可以通过自助借阅机或手机App等方式，在校园内随时随地进行图书的借阅和归还，无需排队等待人工操作，大大提高了借阅效率。同时，中小学智慧图书借阅还可以结合学校的课程设置和学生的阅读需求，推荐适合的图书资源，提供个性化的阅读服务和指导。

二、意义：WHY？为什么要用？

智能图书借阅实现了图书的自动化管理和快速定位，主要有提高借阅效率、方便读者借阅、激发阅读兴趣和优化图书管理等作用。

（一）提高借阅效率

通过引入RFID技术、自动化扫描设备等，智能借阅系统能够快速识别和处理图书信息，实现多本书的同时借还，大大减少了人工操作的时间和出错概率。这样既节省了人力成本，又让借还书流程更加顺畅，提高了整体借阅工作的效率。

（二）增强用户体验

智能借阅系统配备了友好的操作界面和简单便捷的操作方式，让读者能够自行完成图书借还操作，并参与到借还流程中，增强了读者的借阅体验。

（三）降低借阅门槛

通过刷卡、人脸识别、二维码扫描等方式，智能借阅系统可以让用户自主进行借阅归还，省去了在馆员工作站排队进行登记的过程，降低了借阅图书的门槛。

（四）激发阅读兴趣

智慧图书借阅可以通过数据分析、智能推荐等方式，为读者提供个性化的阅读服务和指导，推荐适合的图书资源，引导读者养成良好的阅读习惯，激发其阅读兴趣。

（五）优化图书管理

智慧图书借阅可以通过大数据分析、数据挖掘等技术，对图书的借阅情况、读者的阅读习惯等进行深入的分析和挖掘，为图书馆的优化管理提供数据支持。同时，智慧图书借阅还可以实现图书的远程监控和管理，方便图书馆对图书资源进行统一的调度和管理。

三、案例：WHERE？哪里有用？

（一）自助借还系统

智慧图书馆建设，支持全流程、全业务智慧管理及应用的服务平台，从书香校园建设、图书馆管理、图书使用及阅读教学方面持续推进高质量发展，取得了显著成效。智能图书借阅包括两种方式，一是刷身份证或者读者证，二是人脸识别智能图书借阅，然后将需要借阅的图书放到感应区内，系统会自动识别图书信息并完成借阅操作。

人脸识别智能图书借阅是一种将人脸识别技术应用于图书借阅过程中的创

新方式，它通过使用先进的人脸识别技术，实现了读者身份验证和借阅操作的智能化，这种方式无需携带任何证件或卡片，既简化了借阅流程，又提高了便利性。

读者首次使用人脸识别智能图书借阅系统时，需要将自己的面部信息录入系统中，在每个学期新进学生的时候，图书馆馆长都会将学生的信息和面部照片导入系统，而有些学生的面部变化较大或者还有一些需要重新采集的，可以利用图书馆的自助借阅机的人脸采集这个模块来完成。之后，在借阅图书时，系统会通过摄像头捕捉读者的面部信息，并与已录入的面部信息进行比对，以验证读者的身份。当读者的身份通过人脸识别验证后，他们可以在自助借阅设备上进行借阅操作。只需在设备上选择需要借阅的图书，然后按照提示进行操作即可完成借阅过程。整个过程无需人工干预，实现了真正的自助借阅。

除了在图书馆，也可以在班级教室里安装图书读卡器这样一个轻巧的设备，图书读卡器既可以读取读者证，也可以非接触式地读取这本书的借阅信息，这样即使图书的流通更加便捷，也解决了学生到馆难等问题，这种方案成本较低，有效实现了图书馆的自助借阅功能。

（二）移动借阅

移动借阅，也叫"扫码借阅"，通过微信、支付宝等移动应用，读者可以方便地借阅和归还图书，无需到图书馆前台进行烦琐的手续。这种方式大大提高了借阅的效率和便利性，使读者能够更加轻松地享受到阅读的乐趣。在中新友好图书馆，通过扫码借阅的方式，读者可以快速地完成借阅申请，获得心仪的图书。中新友好图书馆有一个叫"小图"的迎宾服务机器人，它可以通过人脸识别和接收语音指令，为读者提供书籍查询和馆内精准导航等服务，从而帮助读者找到并借阅想要的书籍。

（三）智能书柜

智能书柜，也叫智能微型图书馆，这是一种可放置在室内或室外的微型移动图书馆设备。它可实现24小时无人看守，并具有自助借还、实时监控、自动清点、自助上下架等功能。智能书柜也可以使用人脸识别功能，在进行注册时，用户可以选择人脸识别注册，录入自己的面部信息。在登录时，也可以选择人脸识别登录，通过语音唤起智能AI并进行面部识别以完成登录过程。通过注册和登录后，用户可以选择借书或还书功能，按照屏幕提示操作即可完成相应操作。

（四）智能书架

智能书架是一种集智能化、物联网、云计算等技术于一体的新型图书馆设备。这种设备将图书馆的借阅系统和智能化技术相结合，能够实现自助借还、图书查询、推荐阅读等多种功能，从而提高图书馆的服务水平和效率。整个书架由多个书架单元组成，每个书架单元都配备有一个触摸屏，读者可以通过触摸屏进行图书查询、借阅、归还等操作。此外，该书架还配备了RFID技术，能够实现图书的自动识别和管理。另外，智能书架还具备图书推荐功能。当读者借阅一本图书时，系统会根据这本书的分类、作者、出版社等信息，自动推荐相似的图书，帮助读者更好地发现自己感兴趣的图书。

智能会议屏

深圳市龙华区鹭湖外国小学　古兴东

一、简介：WHAT？是什么？

智能会议屏，也被称为"智能会议平板""智能会议平台"等，是一种集成了多种智能化功能的全新一代会议显示设备，它结合了高清显示、触摸互动、人工智能等多项技术，给会议提供了更为便捷、高效和智能化的体验。

它不仅具备传统智能会议平板的多种功能，如高清显示、触摸书写、文件共享和远程协作等，还融入了AI技术，使其能够自动识别和跟踪会议中的发言人，从而提供更智能、更便捷的会议体验。

二、意义：WHY？为什么要用？

（一）高清显示与触摸互动

智能会议屏采用高清显示技术，能够呈现出清晰细腻的画面，让与会者更加直观地了解会议内容。同时，其触摸互动功能使与会者可以直接在屏幕上进行书写、标注、拖曳等操作，既简化了会议流程，又提高了与会者的参与度和体验。

（二）智能语音交互与识别

智能会议屏具备智能语音交互功能，能够识别与会者的语音指令，并据此执行相应的操作。这就使得与会者无需手动操作设备，只需通过语音即可控制会议屏的开关、音量调节、画面切换等功能，提高了会议的效率和便捷性。智能会议屏配备了智能语音识别功能，能够准确识别发言人的语音内容，并将其转换为文字显示在屏幕上。这样不仅方便了与会者查看和理解会议内容，还提高了会议记录的准确性和效率。

（三）自动追踪与定位

借助AI技术，智能会议屏还具备自动追踪和定位功能，能够实时检测并跟踪会议中的发言人的位置和动作，自动调整摄像头的角度和画面，确保发言人始终位于屏幕中央。让与会者能够更清晰地看到发言人的表情和动作，这样有助于增强会议的互动性和参与感，让远程会议的沟通更加顺畅。

（四）优化共享与协作

结合AI技术的智能会议屏在远程协作方面表现尤为出色。它能够实时传输高清视频和音频，确保异地会议的沟通顺畅无阻。同时，通过智能识别技术，平板还能自动调整参会者的视频画面，保证每位参会者都能得到充分的展示和关注。支持无线传屏和多种设备的连接，使得与会者可以轻松地将手机、电脑等设备上的内容共享到会议屏上，实现多方设备的实时互动和协作。这样有助于简化会议流程，提高协作效率，促进与会者之间的信息交流和共享。

（五）智能记录与整理

智能会议屏能够自动记录会议的内容，包括语音、文字、图片等，并对其进行整理和分析。这样有助于会后快速回顾和总结会议内容，提高工作效率。基于AI技术，智能会议平板还可以根据发言人的话题和关键词自动推荐相关资料和信息，帮助与会者更好地理解和讨论会议内容。

三、案例：WHERE？哪里有用？

（一）单一智能会议大屏

单一智能会议大屏搭载了高算力硬件平台、操作系统，具备全场景智能会议、分布式智慧办公、海量应用生态等特性。带有AI超感摄像头，配置AI视觉芯片，具有人像追踪、三维骨骼关节识别，到坐姿/距离提醒、视频通话、AI体感运动等智慧功能。具有AI精晰超分技术，深度提取图像特征，优化画面清晰度。具有智能导播，保持发言人始终处于C位，发言人画面更聚焦智能取景，多人与会呈现理想会议视角。智能音幕，屏蔽音幕外噪声，本地噪声不干扰远端参会者。

（二）全景会议屏

全景会议屏的摄像头安置在会议桌的中央，并配备了两个鱼眼镜头，可实现360°平移纵向覆盖，无死角地采集周围环境画面，采集到的画面通过AI自动拼接成一个完整的会议室全景画面，让与会人员有身临其境的感觉，有效解决了传统影音采集方案视野限制、画面不全、无法追踪发言人等痛点，带来更平等高效的会议体验。能AI智能追踪人脸，智能分屏，还有多种发言模式供选择，能自动对焦发言人，让每一个说话人都稳居视听C位。内置的全向阵列麦克风，可实现以摄像头为圆心的圆形区域的远距拾音，拾音后可以通过AI进行发言人的识别和标记，在视频会议过程中自动对焦说话人，并可同步追踪多个参会者的画面。采用防反光眩光玻璃还能保护眼睛，避免长久盯电子屏幕导致眼睛发酸发胀。自带电子白板功能，有多点触控技术，支持各种手势操作（比如缩放、手背擦除），也支持多人同时书写。

（三）沉浸式协作会议屏

沉浸式协作会议屏配置超宽大屏，搭配多声道空间音频、全景人像还原技术、多窗协作模式，沉浸式会议协作，营造犹如真实现场的会议体验，打造未来会议空间。采用全景人像还原技术，无损高清视频图像信息可通过5K超清大屏，按照真人比例清晰呈现。团队交流，就像面对面；智能手势，圈选擦除，单手就能操作；OCR智能识别，手写快速转文字。空间音频，能够听音辨位，快速识别，聚焦发言人位置，清晰放大视图，并调动周围扬声器，营造音画同步的沉浸视听体验。多视频窗口，支持多人像分割模式，能给会议室每一个与会人一段独立的特写视频。

AI智能评语

深圳市龙华区鹭湖外国语小学　古兴东

一、简介：WHAT？是什么？

AI智能评语是指利用人工智能技术，针对学生的学习表现、作业质量、课堂参与度、学习成效、小组合作、创新能力等方面，自动生成的具有针对性和个性化的评价和建议。这种评语基于对学生学习数据的分析，通过自然语言处理和机器学习技术，能够更准确地捕捉学生的优点和不足，并给出相应的反馈。

二、意义：WHY？为什么要用？

（一）提供个性化评语

AI学生智能评语能够根据学生的具体表现和需求，提供个性化的评价和建议。这种评语既能够针对学生的优点给予肯定，同时也指出需要改进的地方，帮助学生更好地认识自己的学习状况。

（二）提高教师工作效率

对于教师来说，AI学生智能评语能够自动生成对学生学习表现的评价，从而大大减轻他们的工作负担。教师可以将更多的时间和精力投入教学工作中，提高教学效果。

（三）迅速数据分析

AI学生智能评语能够迅速进行数据分析，生成评价，并为学生提供及时的反馈。这样有助于学生及时地了解自己的学习状况，调整学习策略，提高学习效率。

（四）提供决策支持

通过对大量学生数据的分析，AI学生智能评语能够揭示学生的学习趋势和潜在问题，为教师和学校提供数据支持，帮助他们制订更有效的教学计划和策略。

（五）激发学生兴趣

个性化的AI学生智能评语能够让学生感受到关注和重视，从而增强他们的学习动力。同时，通过肯定学生的优点和指出需要改进的地方，激励学生更加努力地学习。

（六）促进家校沟通

AI学生智能评语可以作为家校沟通的一种有效方式。家长可以通过阅读学生的智能评语，了解孩子在学校的学习情况，与教师进行更加有针对性的沟通和交流。

总之，AI学生智能评语作为一种创新的评价方式，具有提供个性化反馈、减轻教师工作负担、提供及时反馈、数据分析与辅助决策、增强学习动力以及促进家校沟通等作用。随着技术的不断发展和完善，AI学生智能评语将在教育领域发挥越来越重要的作用。

三、案例：WHERE？哪里有用？

（一）班级优化大师AI智能评语

AI智能评语可以依据每一位学生的表现，从行为点评数据出发，可随时一键生成定制化、个性化、具有指导性成长建议的学生评语。通过AI智能评语，老师可以秒获全班任意时段的表现评价，从学期概况到未来期望，全面反馈学生的情况。所有评语，可修改，可导出，可复制。为教师综合素质评价工作减负增效，赋能教师教学和孩子成长。依据学生的行为，进行综合素质评测，帮助老师和家长为学生的个性化发展提供科学的培养建议。

登录班级优化大师后，选择需要进行AI智能评语的班级，这时可以看到全班的评价次数，以及每个学生的评价次数。点击右上角的"…"按钮，在列表中点击"AI智能评语"，就可以进入智能评语界面。其详细记录了学生的点评、受表扬的次数，可以随时选择某一时间段，查看学生点评情况。根据每个学生的平时表现，智能生成个性化的AI评语。还可以点击"换一换"，或者进行编辑。

（二）班级小管家智能评语

班级小管家的智能评语系统是一种利用AI技术自动生成学生评语的工具。在微信小程序中搜索"班级小管家"。智能评语系统能够根据每个学生不同的学习情况和行为表现生成独特的评语，这样不仅增加了评语的吸引力，也让学生感受到老师对自己的关注和评价是具体而深入的。此外，智能评语系统的操作简单快捷，使得班主任能够快速完成大量学生的评价工作。

登录班级小管家后，可以看到中间有发布按钮，可以发布作业、通知等内容。最下面有首页、班级、发现和我的栏目。点击最下面的"发现"，出现口算检查助手、拍照识字、拍照翻译、智能评语等内容。点击"智能评语"。可以在短时间内，为全班学生自动生成评语，这些评语可以根据学生的学习成绩、课堂表现等多个维度进行定制。不仅节省了教师的大量时间，使得他们可以从重复的劳动中解脱出来，有更多时间和精力去关注学生的个别指导和心理辅导。

智能记录

深圳市龙华区鹭湖外国小学　古兴东

一、简介：WHAT？是什么？

智能记录是一种利用现代科技手段，将各种形式的信息（如现场语音、声音、视频、图片等）自动转换为可编辑、可搜索的文本或数据的技术。它融合了语音识别、图像识别、自然语言处理等多种先进技术，极大地提升了信息记录、处理和管理的效率。

现场语音转文字主要通过语音识别技术，将实时采集的语音数据转换为可编辑的文本信息。这一技术广泛应用于会议记录、讲座笔记、采访记录等场景，能够大大提高信息记录的速度和准确性。

声音或视频转文字主要是对已录制的声音或视频文件中的音频内容进行识别，并将其转换为文字。这种技术不仅适用于会议记录、讲座笔记等场景，还可广泛应用于视频字幕制作、电影台词翻译等领域。

图片智能识别记录主要是利用光学字符识别（OCR）等技术，对图片中的文字信息进行自动识别和提取。这种技术广泛应用于文档扫描、证件识别、图片文字提取等场景，能够快速将图片中的信息转化为可编辑的文本。

二、意义：WHY？为什么要用？

（一）提升信息记录效率

智能记录技术能够实时或快速地将各种形式的信息转换为文本或数据，大大节省了人工记录的时间和精力。在会议、讲座等场合，参会者无需分心记录，可以更加专注于内容的理解和吸收。

（二）提高信息准确性

相较于人工记录，智能记录技术具有更高的准确性。它不受人为因素（如笔误、听力差异等）的影响，能够更准确地识别和记录信息。这对于需要高度准确性的场景，如专家讲座、比赛演讲等，尤为重要。

（三）便于信息管理和检索

智能记录技术将信息转换为可编辑、可搜索的文本或数据后，便于使用者进行统一管理和检索。可以通过关键词搜索、时间筛选等方式快速找到需要的信息，提高了信息处理的效率。

（四）促进信息共享和传播

智能记录技术使得信息的共享和传播更加便捷。转换后的文本或数据可以通过电子邮件、云存储等方式轻松地分享给其他人或组织，促进了信息的流通和利用。智能记录技术还可以将转换后的文本或数据用于数据分析和决策支持。通过对大量信息的深入挖掘和分析，可以优化服务，发现新的科学规律、推动学术进步。

三、案例：WHERE？哪里有用？

（一）通义听悟

通义听悟提供实时记录及音视频转文字等多项强大且多样化的智能记录服务，通义千问效率工具箱的听课开会类别中也提供实时记录、上传音视频转换文字功能。实时记录功能主要面向会议、讲座等实时语音场景，通过先进的语音识别技术，将现场语音实时转换为文字。这一功能极大地提高了信息记录的效率和准确性，减少了人工记录的烦琐和错误。支持在会议或讲座等实时语音环境中，将发言人的语音内容即时转换为文字，并实时显示在屏幕上。采用先进的语音识别算法，能够准确识别各种口音和语速，确保转换文字的准确性。

使用者只需在PC端或手机上使用通义千问，点击"实时记录"按钮即可开始使用。除了实时记录外，还支持转写后的文字编辑、重点标记、笔记添加等功能，方便用户后续整理和回顾。

音视频转文字功能则针对已录制的音视频文件，通过上传至通义平台，利用AI技术将其转换为可编辑的文字内容。这一功能广泛应用于视频字幕制作、会议记录整理、课程内容回顾等场景。支持多种格式的音视频文件上传，并快速转换为文字内容，极大地提高了处理效率。采用先进的语音识别和自然语言处理技术，确保转换文字的准确性和可读性。除了基本的转写功能外，还提供了全文摘要、章节速览、发言总结、PPT提取等十多项AI功能，帮助用户更好地理解和整理音视频内容。

现在以PC端通义千问平台提供的实时记录、上传音视频转文字功能为例。首先打开通义千问平台，点击左侧的"效率"，在工具箱中可以看到听课开会类别中有"实时记录、上传音视频"功能。点击"实时记录"，进入实时记录界面，有中文、英语、其他语言等音频语言供选择，还可在翻译中选择翻译其他语言或不翻译。点击"开始录音"，将自动对现场语音直接转换为文字，可以随时暂停或结束。转换的文字，还可以适当修改。记录结束后，可以随时播放录音，还会自动对转换的文字内容进行智能归纳总结。如形成导读、脑图、笔记等。其中导读又分为关键词、全文概要、发言总结等。

除了现场实时语音转文字，还可以将已经录制的音频或视频转文字。选择工具箱的"上传音视频"功能，打开"上传本地音视频文件"界面。然后通过点击/拖曳本地音视频文件上传，选择音视频语言，是否翻译、是否区分发言人等功能。最后点击"开始转写"，可以自动对这个上传的宣讲视频转换为文字。然后智能提取关键词、全文概要、章节速览、发言总结、要点回顾等。

（二）讯飞听见

讯飞听见是一款集实时语音转文字、实时翻译、录音转文字、视频转文字、视频加字幕、同声翻译、语音翻译等多种功能于一体的智能语音助手。它采用自然语言处理、声纹识别、语音识别等语音技术，形成了覆盖多场景、多终端、多形式的语音转文字需求的产品和服务体系。讯飞听见形成了以讯飞听见网站、讯飞听见App等一系列智能语音转写技术为核心的产品和服务体系，可满足多场景、多终端、多形式的语音转文字需求。讯飞听见主要有转文字、会记、人工精转等功能。其中讯飞听见会记是一款专注录音转写整理的效率工具，支持语篇规整、全文摘要、多语种翻译、关键词提取等功能，可快速提升文稿结题可读性和记录整理效率。

例如，在网页端，打开科大讯飞智能办公SaaS平台，中间显示有讯飞听见、讯飞写作、讯飞同传、讯飞会议等功能。选择"讯飞听见"，点击"立即体验"。在"讯飞听见"主界面，显示有转文字、会记、人工精转等功能。选择"会记"，进入"会记"界面。点击"开始录音"可以在线录制声音并记录文字内容，还可以下载客户端，进行操作。进入"开始录音"界面，左边最上面显示录音的文件名。中间还可以看到有中文（普通话）、英语、中英混合、日语、韩语等语言可供选择，甚至可以选择地方语言中文（粤语）。还可以点"更多"，选择其他语言，有通用、企业、科技、游戏、医疗等领域供选择。还可以对有区分说话人进行设置。最下面显示已经录制时间，还有暂停、关闭等按钮。根据录音内容，智能识别后进行转换，并显示在原文内容中。点击"关闭"按钮，可以选择"登录并保存"或"放弃保存并退出"。

（三）Get笔记

Get笔记是一款AI小程序，是一种随身创意捕手，通过AI技术实现语音到文字的快速转换，让记录灵感变得轻松高效。具有语音转文字、智能整理与润色、便捷操作与分享、构建个人知识体系等作用。自动对录制的声音进行转换。

在手机端，通过微信搜索"Get笔记"小程序。打开Get笔记，点击"记录一下"，开始正式录音。对录制的声音自动转换为文字，显示在中间。可以看到最下面显示时间，分别为已录制时间及可录制时间3分钟。点击"取消"按钮可以取消录音。点击"完成"，AI将自动启动智能整理与润色模式，去除口语中的冗余词汇，并简化复杂表达，将句子结构简化、使其更易读。同时对语义不通顺的地方进行润色，使段落衔接自然，逻辑清晰，转换后的文字更加清晰、准确，便于后续的阅读和整理。因受周围环境、声音，以及个人发音准确性等因素影响，录制声音转换的内容与实际可能有差异，可以点击文本区域，对笔记内容进行编辑。最下面有"保存"按钮。点击保存，可以看到转换的内容，还可以根据需要进行编辑。点击最下面的"记录一下"，可以重新录制声音进行转换。

Get笔记还可以通过网页平台打开。进入"Get笔记"网站界面后，可以点击"立即免费体验"。登录后，可以直接输入内容，记录现在的想法。还可以通过添加图片进行AI智能识别；通过添加链接进行AI智能分析；甚至可以唤起助手。还可以看到手机端录制声音智能转换的文字内容。也可以点击"添加图片"，进行AI智能识别。可以通过"点击添加或拖曳、粘贴图片到这里"方式，选择需要识别的图片。点击右边的"生成笔记"，自动识别到图片的信息，并自动记录标签。

智能服务机器人

深圳市龙华区鹭湖外国语小学　古兴东

一、简介：WHAT？是什么？

随着人工智能技术的发展，在智能服务机器人研究方面，近几年取得了很大进展，工厂、商场、酒店等很多场所，已经广泛应用智能服务机器人。很多智能服务机器人也应用于学校的大门口、大堂、展厅、校史室等场所，提供智能接待、智能咨询、智能讲解、智能签到、智能导览等智能服务。这些智能服务机器人是为学生、教师、来宾等提供必要服务的多种高技术集成的智能化装备。

二、意义：WHY？为什么要用？

（一）主动迎宾

当识别到有人来临时。智能服务机器人可以主动唤醒，并主动迎宾，主动问候。通过预先录入的信息或实时交互的方式，为参观者介绍学校的历史、荣誉、特色、课程及教科研成果等。

（二）互动交流

校园智能服务机器人具备语音交互、人脸识别等功能，可以与参观者进行互动。参观者可以通过语音提问或触摸屏幕等方式与机器人进行交流，针对性讲解。支持自定义问答，具备自由问答、特色问答、业务问答等多种问答模式。咨询者可以方便地通过对话交流，了解学校基本情况，询问古诗词、数学题、天气情况等各类内容。这种互动体验不仅增加了参观的趣味性，还能让参观者更加深入地了解学校的历史和文化。

（三）智能导览

基于高清摄像头、高精度雷达、超声波传感器等设备，采用人工智能等技术，实现自主规划路径、自主定位，灵活避障、地图构建等。当参观者进入学校展厅、校史室等场所时，机器人可以主动提供智能讲解，定点自动导览服务，引导参观者按照特定的路线进行参观，自动躲避障碍物，沿途讲解参观的相关内容。通过机器人智能导览讲解，参观者可以更深入地了解学校的发展历程和特色。

（四）多样展示

智能服务机器人的肩膀、手肘、手腕、手指关节等支持自由度动作，实现挥手、点赞、握手、跳舞等。当参观者对某个内容感兴趣时，机器人可以提供更详细的信息或展示相关的图片、视频等资料。

（五）个性服务

智能服务机器人集成了摄像头、激光雷达、超声波，触摸等多种类型的传感器，通过算法处理传感器接收到的多维度信息，可以根据参观者的需求和兴趣，提供个性化的服务。例如，通过人脸识别技术，建立人员信息库，校园智能服务机器人可以精准识别人脸，实现会议的自助签到；可以引导来宾到展厅、休息室、卫生间等特定地方，提升服务水平和管理效率。

三、案例：WHERE？哪里有用？

（一）人型教育机器人

人型教育机器人是指学生通过自主编程，让人型机器人实现多种动作、运动、功能及性能，从而了解机械结构、运动特征和功能之间的关系等。主要应用于学校的编程教育和机器人竞赛中，能让学生更加直观地理解编程逻辑、增加编程实践经验。通过编程可以让人型机器人实现舞蹈、踢球、搬运、拳击等各类任务。人形机器人身体部位可以灵活转动，功能强大。在社团中供学生编程应用，并能参与比赛及展示。

（二）智能讲解机器人

智能讲解机器人基于云计算、大数据以及物联网相关硬件接入，以及ASR

识别、NLP意图分析、TTS语音合成等核心引擎的加持，使机器人具备人体感知、语音交互、智能导航等基础功能。智能服务机器人将语音咨询讲解、路径规划导航、智能设备物联、多媒体互动等相互交融，整合软、硬件平台，结合校园应用场景的需要，提供智能服务。智能服务机器人具备超强的人机交互能力，通过自动唤醒功能主动提供问候；通过智能咨询功能提供深入讲解；智能导览功能提供精准引领。智能服务机器人集控技术可根据服务需求，对场所的灯光、声音、播放内容等进行远程智能化控制，以便更好地向访客呈现相关信息。此类机器人可以应用于展厅或校史室智能讲解。

（三）智能互动交流机器人

智能互动交流机器人集情感操作系统（EOS）、自主导航等多项世界级机器人前沿核心技术等多种AI功能于一身，可以语音互动、自主导航、家电智控、远程遥控、紧急报警、移动空气净化。这些智能服务机器人在特定场景下，实现机器人宣传、迎宾、演示讲解等多项特定任务，让用户体验高科技的服务。能移动投影、远程视频、唱歌跳舞、知识讲解等。此类机器人可以让学生在课间进行语音互动交流，教师课堂也可以教学展示，甚至在学校活动中担任主持人。

（四）灵活舞动的机器人

一些机器人采用各类先进的技术，可以灵活的舞动，自由地跳跃，具有双足或四足。它使用身体和腿部的传感器进行平衡，并在其头部使用光学雷达和立体传感器，以避免障碍物，评估地形，配备了激光测距仪和立体照相机，由一个机载电脑控制，手具有精细动作技能的能力，四肢灵活活动。机器人部分舞动的动作甚至超越了人类的运动能力，将能够执行人们无法完成的一系列动作。

（五）平稳快走人型机器人

机器人集多种AI技术于一身，具备高性能伺服关节以及多维力觉、多目立体视觉、全向听觉和惯性、测距等全方位的感知系统，可以实现平稳快速的行走和灵活精准的操作。具备了在常用办公场景的自由活动和服务的能力；具有视觉定位导航和手眼协调操作技术，实现平稳快速的行走和精准安全的交互，可在多种场景下提供智能化、有温度的服务。这种机器人可以在复杂的地形中平稳快走，甚至进行稳定的小快跑。

（六）大模型加持的机器人

大模型是指具有大规模参数和复杂计算结构的机器学习模型。这类模型通常由深度神经网络构建而成，拥有数十亿甚至数千亿个参数，其设计目的是提高模型的表达能力和预测性，能够处理更加复杂的任务和数据。在深度学习领域，大模型的规模不断扩大，以提高模型的性能。这类人形机器人可以理解图像和文字信息，不依赖远程操作，行为都是学习而得的。它可以听懂人类的命令和提问，可以根据提问者的一些开放性问题和要求，基于逻辑思考而做出一些回答或动作。

（七）人形服务机器人

人形服务机器人通过采用各类人工智能技术，设计的特殊人形机器人，可以模仿人类的一些动作，完成特定的服务工作，提升服务效率，减轻人类劳动。这类机器人具有流畅的步行能力，具有一定的识别能力，可以识别物品，进行搬运、堆叠，甚至可以轻松准确地抓取水杯、拿起鸡蛋等。

AI数据分析助手

深圳市龙华区鹭湖外国小学　古兴东

一、简介：WHAT？是什么？

AI数据分析助手是一款基于人工智能技术的智能辅助工具，旨在帮助使用者高效、便捷地进行数据分析。它集成了机器学习、自然语言处理（NLP）等先进技术，能够自动完成数据清洗、预处理、特征提取等烦琐任务，同时提供智能分析和可视化展示功能。这些工具不仅支持多种数据格式和场景，还具备强大的智能推荐和定制化能力，满足不同使用者的个性化需求。

二、意义：WHY？为什么要用？

（一）提升数据分析效率

AI数据分析助手能够快速处理海量数据，支持多种数据格式，满足不同场景下的数据分析需求。通过自动化完成数据清洗、预处理等任务，大大减轻人工负担，提升数据分析效率。支持对数据进行多维度、多角度的分析和探索，使数据分析变得更加容易访问和自动化，降低了数据分析的门槛。

（二）智能推荐分析模型

内置多种分析模型，包括描述性分析、相关性分析、回归分析等，满足多样化的分析需求。根据使用者的具体需求，智能推荐适合的分析模型和方法，提升分析效率和准确性。

（三）简化操作流程

采用图形化界面设计，无需编程基础即可轻松上手。支持自然语言查询（NLQ），可以通过自然语言指令进行查询和分析，极大地提升了数据分析的便捷性。

（四）自动生成报告

根据分析结果自动生成可视化报告，便于快速理解分析结果。报告内容直观、易懂，有助于使用者能够轻松处理数据并获取有价值的见解，做出更明智的决策。

三、案例：WHERE？哪里有用？

（一）讯飞数据分析助手

讯飞数据分析助手是基于人工智能技术，在数据分析领域应用的一款智能辅助工具。它集成了语音识别、自然语言处理、机器学习等多种技术，旨在帮助使用者更高效、更便捷地进行数据分析工作。

自动识别并处理数据中的异常值、缺失值等问题，提高数据质量。支持多种数据格式的导入与转换，满足多样化的数据需求。根据数据特点和分析需求，智能推荐适合的分析模型和方法。支持通过自然语言指令进行查询和分析，降低数据分析的门槛。允许以更直观、更自然的方式与数据进行交互。根据分析结果自动生成可视化报告，帮助使用者快速理解数据背后的故事。提供丰富的图表类型和定制化选项，满足个性化的报告需求。

登录"讯飞星火"网络平台。显示有讯飞绘文、绘画大师等工具。点击"数据分析助手"，进入操作界面。打开"数据分析助手"后，提示可以上传包含数据的Excel文件，进行快速数据分析，生成分析表格与结论。点击输入框，可以看到"文件上传"按钮。点击此按钮，可以上传Excel文件。数据分析助手将首先打开文件，然后检查结构和内容，根据分析，最后可以显示不同等级学生的人数情况。

（二）文心一言数据分析

文心一言智能化数据分析工具支持多种数据源的导入，包括Excel、CSV、JSON及数据库等。可以通过简单的拖曳操作，轻松将数据导入文心一言中。此外，文心一言还具备自动识别和解析功能，能够快速准确地识别数据类型和结构，省去了手动设置的麻烦。

在数据导入后，文心一言提供了强大的数据处理功能，可以轻松地进行数据清洗、去重、异常值处理等操作，确保数据质量。同时，还提供了数据筛选、数据排序及数据分组等功能，方便对数据进行进一步的加工和处理。

提供了丰富的数据分析功能，可以从多个角度深入挖掘数据，发现数据背后的规律和趋势。还提供了多种数据可视化方式，包括柱状图、折线图、饼图、散点图等，可以根据需求选择合适的可视化方式，以便更好地发现数据中的规律和趋势。同时，还支持自定义图表样式和布局，可以根据个人喜好对图表进行个性化设置。此外，还具有动态图表功能，可以将图表中的数据进行动态展示，更加直观地呈现数据的变动情况。

进入"文心一言"，打开"一言百宝箱"，显示有精选、场景、职业、我的收藏四类。选择"场景"，又细分为旅行度假、数据分析、职场效率、趣味挑战、营销文案等。点击"数据分析"，可以看到有数据搜集、Excel指导、折线图生成、数据排序、数据对比、数据增强、数列分析等各种数据分析功能。可以根据需要选择对应功能，并上传数据文件进行智能分析。

人工智能伦理

深圳市龙华区行知学校　陈思禄

一、简介：WHAT？是什么？

人工智能伦理是指在人工智能技术的发展和应用过程中，涉及的道德、社会、法律和安全等方面的问题和规范。它关注如何确保人工智能技术的设计、开发、部署和使用符合人类的道德价值观、社会利益和法律规范，并尽量减少其可能带来的负面影响。

人工智能伦理的概念涵盖了多个方面，具体如下：

1. 道德问题：这涉及人工智能是否应该具有道德意识和道德判断能力，以及如何确保其行为符合人类的道德价值观。例如，在自动驾驶汽车面临紧急情况时，如何做出道德决策以最大限度地减少伤害。

2. 社会问题：人工智能技术的发展和应用会对社会产生深远影响，如就业变革、隐私侵犯、社会不平等等。人工智能伦理关注如何确保技术的应用符合社会公正和可持续发展的要求，并尽量避免加剧社会不平等或造成其他社会问题。

3. 法律问题：随着人工智能技术的普及，涉及一系列法律问题，如数据保护、知识产权、责任归属等。人工智能伦理需要确保技术的开发和使用符合法律规范，并明确各方的法律责任。

4. 安全问题：人工智能技术的发展和应用也面临着安全挑战，如黑客攻击、系统漏洞、数据泄露等。人工智能伦理关注如何确保技术的安全性和稳定性，以保护用户和数据的安全。

人工智能伦理是一个综合性的概念，旨在确保人工智能技术的发展和应用符合道德、社会、法律和安全规范，为人类社会的可持续发展做出贡献。在人工智能的快速发展过程中，加强人工智能伦理的研究和实践至关重要。

二、意义：WHY？为什么要用？

人工智能伦理的应用场景和主要功能主要体现在以下几个方面。

（一）医疗领域

应用场景：人工智能在医疗领域的应用广泛，包括辅助诊断、治疗计划制订、药物研发、患者监测等。

主要功能：通过分析和处理大量的医疗数据，人工智能可以提高诊断的准确性和效率，为医生提供决策支持。同时，通过监测患者的健康状况，可以为患者提供个性化的治疗方案和健康管理建议。

（二）自动驾驶

应用场景：自动驾驶汽车、无人机等交通工具。

主要功能：自动驾驶系统需要处理复杂的道路环境和突发情况，确保行驶安全。人工智能伦理在此领域关注如何制定道德决策，以最大限度地减少事故和伤害。

（三）智能家居

应用场景：智能家居设备、智能音箱、智能门锁等。

主要功能：通过智能家居设备，人们可以更加便捷地控制家庭环境、管理家务事务。人工智能伦理在此领域关注如何保护用户的隐私和安全，确保设备的使用符合用户的期望和意愿。

（四）金融领域

应用场景：风险评估、投资决策、客户服务等。

主要功能：人工智能可以帮助金融机构提高风险评估的准确性和效率，为客户提供更好的服务和投资建议。同时，人工智能伦理在此领域关注如何确保算法的公平性和透明性，避免歧视和误导客户。

（五）数据隐私和安全

应用场景：所有涉及人工智能的应用。

主要功能：保护用户的个人数据不被滥用或泄露是人工智能伦理的重要任务。同时，确保人工智能系统的安全性和稳定性，防止黑客攻击或数据泄露等安全事件也是人工智能伦理的关注点。

人工智能伦理的应用场景和功能多样，涉及医疗、交通、家居、金融等多个领域。在这些领域中，人工智能伦理的主要任务是确保技术的道德、社会、法律和安全规范，为人类社会的可持续发展做出贡献。

三、案例：WHERE？哪里有用？

（一）人工智能伦理应用建议

在人工智能的发展中，利用好人工智能伦理至关重要。以下是一些建议，以便在人工智能的发展中充分利用人工智能伦理。

1. 加强人工智能伦理的教育与培训：加强人工智能伦理的教育和培训，使开发者、研究人员和政策制定者了解伦理原则和道德考量。通过教育和培训，可以培养一支具备伦理意识的技术团队，为人工智能的发展提供坚实的道德基础。

2. 制定人工智能的伦理规范和标准：制定和完善人工智能伦理规范和标准，明确人工智能技术的道德边界和行为准则。这些规范和标准应该由多方利益相关者参与制定，包括技术专家、法律专家、社会学家等，以确保其全面性和可行性。

3. 人工智能的伦理审查和监管：实施严格的人工智能伦理审查和监管机制，确保人工智能项目在开发和使用过程中遵循伦理规范和标准。这可以通过建立独立的伦理审查机构、实施定期审查和评估等方式实现。

4. 促进跨学科合作：加强跨学科合作，促进人工智能与伦理学、法学、社会学等学科的交流与融合。通过跨学科合作，可以更加全面地考虑人工智能技术的社会影响，为其发展提供更加全面的伦理指导。

5. 鼓励公众参与和对话：鼓励公众参与人工智能伦理的讨论和对话，听取各方意见和建议。这可以通过组织公开论坛、在线调查、社区讨论等方式实现，以促进公众对人工智能伦理的认识和理解。

6. 技术创新与伦理并行：在人工智能技术的创新过程中，始终保持对伦理问题的关注。通过技术创新与伦理并行的方式，可以确保技术的发展不会偏离道德和价值观的轨道，为人类社会的可持续发展做出贡献。

（二）人工智能伦理的负面案例

违背"人工智能伦理"的案例有很多，以下是其中几个典型的例子。

1. 自动驾驶汽车事故：自动驾驶汽车是人工智能技术在交通领域的重要应用之一。然而，在某些情况下，自动驾驶汽车可能会面临复杂的道路环境和突发情况，需要做出道德决策。例如，在面临行人和乘客之间的选择时，自动驾驶汽车应该如何做出决策？如果自动驾驶汽车选择了保护乘客而牺牲行人，这可能会引发严重的道德和法律问题。

2. 数据隐私泄露：人工智能系统需要大量的数据来训练和改进模型。然而，在收集和使用这些数据时，可能会涉及用户的隐私和权益问题。例如，某些公司可能会滥用用户的个人信息来训练人工智能模型，导致用户的隐私泄露和权益受损。

3. 算法歧视和不公平：人工智能算法可能会因为训练数据的偏见和不平等而导致歧视和不公平。例如，在招聘过程中使用人工智能算法进行筛选时，如果算法是基于历史招聘数据来训练的，那么它可能会因为历史数据的偏见和不平等而导致某些人群被歧视。

4.机器人伤人事件：在某些情况下，人工智能机器人可能会因为设计缺陷或操作失误而伤害人类。例如，在工厂中使用的工业机器人可能会因为操作失误或故障而伤害工人；在家庭中使用的智能机器人可能会因为无法正确识别环境或用户指令而导致伤害事故。

这些案例表明，在人工智能技术的发展和应用过程中，必须重视伦理问题，确保技术的设计、开发、部署和使用符合道德、社会、法律和安全规范。同时，需要加强人工智能伦理的教育和培训，促进跨学科合作和公众参与，以确保人工智能技术的发展为人类社会的可持续发展做出贡献。

（三）总结

对于"人工智能伦理"，应该引起我们每个人的关注和重视。随着人工智能技术的快速发展和广泛应用，它对社会、经济、文化等方面都产生了深远的影响。与此同时，人工智能也带来了一系列伦理问题，需要我们认真思考和解决。

首先，人工智能的发展应该遵循伦理原则和价值观。我们应该确保技术的设计和应用符合人类的道德和伦理标准，尊重人类的尊严和权益。人工智能不应该被用来侵犯人权、加剧社会不平等或破坏环境等。

其次，我们需要加强人工智能伦理的教育和培训。通过教育和培训，可以培养一支具备伦理意识的技术团队，为人工智能的发展提供坚实的道德基础。同时，也可以提高公众对人工智能伦理的认识和理解，促进社会的广泛参与和对话。

再次，还需要制定和完善人工智能伦理规范和标准。这些规范和标准应该明确人工智能技术的道德边界和行为准则，为技术的发展提供明确的指导。同时，我们也需要建立独立的伦理审查机构，对人工智能项目进行严格的审查和评估，确保其符合伦理规范和标准。

最后，我们需要保持开放和包容的态度，鼓励跨学科合作和公众参与。通过跨学科合作，可以更加全面地考虑人工智能技术的社会影响，为其提供更加全面的伦理指导。通过公众参与和对话，可以促进社会对人工智能伦理的理解和认可，为其发展提供更加广泛的支持。

总之，对于"人工智能伦理"，我们应该持有一种积极、负责和开放的态度。通过加强教育、制定规范、促进合作和公众参与等方式，确保人工智能技术的发展符合道德、社会、法律和安全规范，为人类社会的可持续发展做出贡献。

第二篇

人工智能教学实践

第一章　人工智能概述

人工智能如何测——探秘图灵测试

深圳市龙华区第三实验学校　李圆敏

年级	四年级上册	教学环境	计算机教室
一、单元主题分析			

1. 单元背景

《新一代人工智能发展规划》明确指出，应逐步开展全民智能教育项目，在中小学阶段设置人工智能相关课程。为贯彻落实国家关于推动人工智能教育发展部署，深圳市及龙华区出台了《深圳市义务教育阶段人工智能课程纲要》和《龙华区推进中小学人工智能教育实施方案》。结合上述方案与区域特色，龙华区小学阶段的人工智能课程制定了以"AI概述——AI应用——AI实践"为主线的单元课程体系，由理论到实践，逐步递进。从贴近学生日常学习和生活经验的人工智能应用情境出发，让学生在环境体验和行动实践的过程中，感受、理解、掌握人工智能的原理、方法和技能。

本册单元主题是"智能陪伴"——善解人意来服务，一起学习如何让AI善解人意，服务我们的生活。本单元围绕"智能学伴"这一大主题，秉承人工智能知识从"了解-理解-掌握-应用"的主题进阶式过程，学生先感知和体验智能学伴，接着自己动手编程实现其功能，然后学以致用设计智能学伴，最后思考人工智能对人们的影响。8个课时的学习层层递进，使学生循序渐进地掌握智能语音技术、机器翻译技术和智能语音评测技术，形成人工智能意识，发展人工智能思维。

2. 本课时地位与作用

本课时所涉及的人工智能的概念以及图灵测试，是人工智能领域十分基础又重要的内容，是学生后续进一步学习智能语音、智能翻译等内容的重要知识基础和铺垫。通过判断对话的机器是否具有人类智能，学生领悟此测试对于人们的影响，以及在人工智能学习中的重要作用。

二、教学内容分析

本课基于龙华区《人工智能》课程四年级上册"善解人意来服务"总课题下的第一课——《人工智能如何测》课程，基于学生的学情，增加了人工智能概念的讲解后改编所得的《人工智能如何测——探秘图灵测试》。本课是四年级同学开启人工智能学习探索之旅的第一课，其中的重点内容——图灵测试。

本课教学内容分为三大部分。第一部分是人工智能的介绍，引导同学通过案例分析一步步总结得出"人工智能"的概念，并进一步判断生活中有哪些人工智能应用。第二部分是图灵测试的内涵和操作过程的介绍，并且设置小组实践体验活动，学生进一步通过角色扮演的方式，体验图灵测试的开展。第三部分是图灵测试的作用意义介绍。此部分以图灵测试的经典应用——验证码的介绍作为重点，并补充一些其他作用的介绍，在具体案例中体现图灵测试的意义。

本课理论与实践体验相结合，一方面综合工具体验、生活案例分析、知识视频讲解等方式，更加生动直观地引导学生感受、思考、分析、理解，以梳理呈现理论知识；另一方面引导学生开展小组活动体验与探究等，加深学生对此概念的理解。本课三大部分的教学内容共分为四个模块，"知识加油站——认识人工智能""判断机器智能——图灵测试的'火眼金睛'""模拟图灵测试——人机大PK""图灵测试的超能力——验证码的故事"。

三、学情分析

1. 学习基础

四年级上学期，学生已经学习了基本的电脑应用技能，如打字，应用画图软件、WPS文档、浏览器，但目前处于人工智能课程普及起步阶段，学生此前还未学习过有关人工智能的知识。在通过对学生学情前测的分析中可以发现，大多数同学都听说过人工智能，但是多数同学表示不太清楚人工智能的具体概念与原理，对人工智能的理解大多数存在偏差。

2. 年龄特点

四年级的学生思维活跃，对新事物、新知识具有较大的探索热情，在前期的学情测试中，大多数同学们表示期待进行人工智能的学习。但学生的个体差异较大，容易有畏难心理，抽象思维还没完全发展，对较抽象的概念和复杂的原理难以理解。

3. 学习偏好

学生对视频类直观生动的知识内容讲解更加喜欢并易于消化；愿意表达与展示自己，喜欢受到同学的肯定和老师的表扬；喜欢游戏化的课堂体验活动。但本阶段学生在课堂中的自我管理能力以及合作能力还有待加强，生动的课堂形式也受到纪律管理和课堂常规设定的要求。

四、教学目标

1. 信息意识

（1）知道人工智能的内涵，具有信息辨认的敏感度，能够感知与识别生活中的人工智能应用。

（2）认识图灵测试的概念与作用，形成主动使用人工智能工具和图灵测试来助力生活的意识。

2.计算思维

认识到可以借助人工智能平台生成机器回答的答案，通过小组合作逻辑明晰地模拟图灵测试卡牌游戏，在活动体验中感受、分析"人""机"之间的区别，从而进一步分析体悟人与机器的关系。

3.数字化学习与创新

通过利用人工智能平台生成的机器回答作为图灵测试中机器被试的答案，在实践探究中，形成利用数字化平台与手段进行实践探究和问题解决的意识。

4.信息社会责任

（1）在认识人工智能和图灵测试的过程中，知道人工智能技术发展对我们的学习、生活、工作的助力，激发学习兴趣与主动性。

（2）通过图灵测试模拟实践的"人""机"区别分析，既认识到技术对生活的作用，也认识到要批判、理性看待技术当前发展的局限，科学理性使用人工智能技术。

五、教学重难点

重点	难点
1.认识人工智能的内涵，能够识别出生活中的人工智能应用。 2.了解、体验并掌握图灵测试，领悟图灵测试在人工智能领域所发挥的作用。	1.在进行"图灵测试"的活动体验中，分析人与机器的区别，客观理性看待与拥抱技术。 2.能够通过验证码等案例，感受图灵测试的作用。

六、课前准备（课前准备包括教师及学生准备、平台及教学环境准备等）

演示课件、学习单、小组活动分角色头套与卡牌、学生奖励加分贴纸、学生表扬卡、小度智能云屏、多媒体教室、极域教学管理软件、腾讯人工智能教学平台

七、教学过程

教学环节	教师活动	学生活动
知识加油站——认识人工智能（10 min）	1.【用一用】小度智能云屏展示（课前+2 min） 师：同学们，今天这节课，除了来自民治、大浪的信息老师外，还有一位特殊的朋友，它就是小度，唤醒它的暗号是：小度小度 ·（1）小度小度，（2）你好呀！ ·（1）小度小度，（2）今天天气怎么样？ ·（1）小度小度，（2）请播放一段轻音乐 我们还可以向它咨询问题、请它帮忙做日程提醒…… （衔接） 聪明的小度，用到了现在很热门的技术——人工智能技术。 回顾学情测试，大家对人工智能有关的认识：看来大多数	1.与小度智能云屏互动，继续体验。

知识加油站——认识人工智能（10 min）	同学都听说过"人工智能"，但是对这个概念有不同的看法，我们一起来探索学习吧。 2.【认一认】哪个工具用了人工智能技术？（2 min） 师：请同学们猜一猜，下面哪些机器用到了人工智能技术吧! 遥控玩具车VS手势控制玩具车 普通灯光开关VS声控灯 录音笔VS翻译录音笔 扫帚扫地VS扫地机器人扫地 师：同学们基本能正确选出具有人工智能的工具，那么它们有什么特点呢？ 手势控制玩具车—>会看 声控灯—>会听 翻译录音笔—>会思考 扫地机器人扫地—>会做事 —>共同特征：具有某些像人类的能力 （衔接） 我们人类有哪些能力呢？ 3.【学一学】人工智能应用的概念讲解（4 min） （1）初步感知：人类智能到人工智能 （初步感知）计算机模仿人类智能—>人工智能 	2. 通过案例分析、咨询小度智能云屏等，一步步思考、感受、认识人工智能的概念内涵。

知识加油站—认识人工智能（10 min）	（2）具体认识：人工智能的概念 师：我们来问一问小度，什么是人工智能吧。 总结得到知识卡片： 板书总结辅助： "人工智能"模拟、延伸和扩展人的智能，得到智能机器：会感知会思考会做事。 （3）深化认识：人工智能的生活应用（2 min） 辨认生活中哪些东西应用了人工智能技术： 	3. 辨认生活中的人工智能应用，深化对人工智能的认识。

设计意图：由与人工智能工具的对话体验以及学情前测回顾，激发学生兴趣，引入学习主题。通过案例分析、智能咨询、人工智能应用互动辨认等，一步步感知、认识，更加深入地进行人工智能内涵的理解。

教学环节	教师活动	学生活动
判断机器智能——图灵测试的"火眼金睛"（7 min）	1.【想一想】如何测试机器是都具有人类智能的？（4 min）（衔接） 上面我们提到的这些应用了人工智能的工具，都足够聪明和智能吗？ 师：小度小度，你知道我是谁吗？（小度回答不出来） 师：我们学情前测中，过半的同学也认为现在一些人工智能机器、工具，并不一定特别"智能"。那么我们该如何测试一个机器是否具有人类智能，像人类一样聪明呢？ 师：同学们都说得很好，在1950年，图灵也提出了一个被大家认可的方法——图灵测试，我们一起来认识一下吧！ 2.【学一学】认识图灵测试（3 min） （1）图灵测试的由来 （2）图灵测试的方法（播放视频） 引导学生一起思考总结图灵测试的几个要点： ·至少需要有几个角色 ·通过什么方式判断（对方是人还是机器） ·测试者误判率超过多少认为机器通过了测试？ （3）历史上第一个通过图灵测试的智能设备——尤金·古慈曼。	1. 思考讨论：如何测试一个机器是否具有人类智能，像人类一样聪明呢？ 2. 认识判断机器是否具备人类智能的图灵测试的由来和方法。

设计意图：启发学生先进行思考：如何测试机器是否具有像人类智能、跟人类一样聪明呢？激发学生的好奇心与探索热情。讲解图灵测试，让学生了解这一识别机器是否具有人类智能的方法的出现背景、内涵、实现过程等。

教学环节	教师活动	学生活动
模拟图灵测试——人机大PK（12 min）	1.【玩一玩】分组开展图灵测试（7 min） 教师讲解规则（1 min） 一组同学模拟演示（1 min） 小组同学开展（5 min，小度帮忙设闹钟计时） 4人一组（A测试者、B被试者、C被试者、D监督者），开展卡牌辅助的问答游戏。 A测试者拿出卡牌，提问其中的几个问题； B被试者拿出卡牌（写有机器给出的答案），念出答案。 C被试者拿出卡牌（卡牌上没有答案），说出答案。 D监督者监督纪律，不让A看到BC的卡牌，并将A每次的判断结果在问卷星中进行记录，并记录A的猜测是否通过图灵测试。	1. 在教师带领下，进行小组合作与角色扮演的活动，进行图灵测试体验。 2. 分析思考真人回答和机器回答的区别，填写学习单中的选择题。科学理性认识当前

模拟图灵测试——人机大PK（12 min）	2.【辨一辨1】（2.5 min） 师：真人回答跟机器回答有什么不同呢？请同学们填写一下学习单中的选择题吧。 ·玩一玩和案例展示环节，能让学生感受到有些问题机器还不能完全用人类的思维进行回答，我们要理性看待技术的应用与发展。 3.【辨一辨2】（2.5 min） 师：请同学们思考现在的智能对话问答技术发展得好吗？ ·玩一玩环节+ChatGPT应用视频（1 min）的观看，让学生感受到：随着技术的发展，人机对话愈来愈难辨真假。 ·这样的智能问题技术，可以应用于？ —>引导学生思考：智能客服、智能问答老师、智能导航等领域。	人工智能不可以替代人类。 3. 分析思考认识到当前人工智能技术发展下已经出现了越来越聪明的智能对话应用，引导学生要主动利用技术助力生活。

设计意图：在学生认识"图灵测试"后，进一步通过小组实践体验，让学生直观认识"图灵测试"的操作程序，感知"人"与"机器"之间的区别，也感受智能问答机器人的魅力，引导学生理性认识技术并积极拥抱技术。

教学环节	教师活动	学生活动
图灵测试的超能力——验证码的故事（5 min）	【学一学】认识验证码的作用 （1）验证码的故事 验证码采用了图灵测试的思路，用以验证操作者是人还是机器。 验证码—>防止机器冒充人类 防止机器冒充人类，大规模在线注册滥用服务（注册水军） 防止机器冒充人类，滥用在线批量化操作（机器投票、机器刷屏、机器抢票） …… （2）图灵测试的意义 防止机器冒充人类抢票—>打击票贩子 测试机器是否具有人类智能—>作为人工智能测试通过的标准 测试机器是否足够智能—>帮助训练智能客服	进一步认识区分人类和机器的必要性，知道图灵测试的意义。

设计意图：在学生认识"图灵测试"后，进一步让学生认识到"图灵测试"的意义与作用，认识区分人类和机器的必要性。

教学环节	教师活动	学生活动
多元评价 总结展望 （6 min）	1. 这节课有什么收获？（1 min） 结合板书总结： 认识并体验人工智能 → 判断机器智能——图灵测试 图灵测试的意义 ← 图灵测试模拟实验 2.【评一评】自我学习评价（3 min） 完成问卷星测试题+自我评价 	1. 回顾总结本节课所学知识。 2. 填写问卷星学习测试题与自我评价表。 3. 认识本学期学习主题并展望与期待。

3.【展望】点明学期主题（2 min）	
我国人工智能专家吴军提出："在未来，人工智能将会变得越来越类似于人类，我们需要重视这种趋势，引导它往好的方向发展。" 本节课是我们开启"人工智能"探索之旅的第一课。后续我们将了解如何让AI变得"善解人意"，帮助我们解决各种各样的问题，服务于我们的学习与生活。 下节课，老师将会带领大家走进"机器翻译"的世界。	

设计意图： 回顾总结所学，巩固强化。展望本学期学习主题，引出后续的学习内容，激发兴趣。

八、教学评价

序号	学习收获	学习评价
1	了解人工智能的相关内涵与生活应用	
2	清楚图灵测试的提出及其开展方式	
3	知道图灵测试的作用	
4	能有序进行小组合作与实践	
5	能认真听课并积极思考	

九、教学实施参考（包括但不限于流程图、完整的程序截图等）

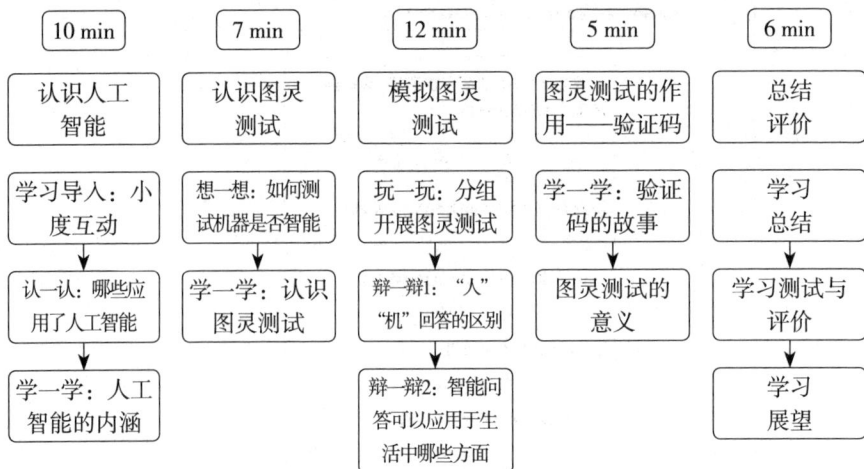

10 min	7 min	12 min	5 min	6 min
认识人工智能	认识图灵测试	模拟图灵测试	图灵测试的作用——验证码	总结评价
学习导入：小度互动	想一想：如何测试机器是否智能	玩一玩：分组开展图灵测试	学一学：验证码的故事	学习总结
认一认：哪些应用了人工智能	学一学：认识图灵测试	辩一辩1："人""机"回答的区别	图灵测试的意义	学习测试与评价
学一学：人工智能的内涵		辩一辩2：智能问答可以应用于生活中哪些方面		学习展望

续 表

十、板书设计

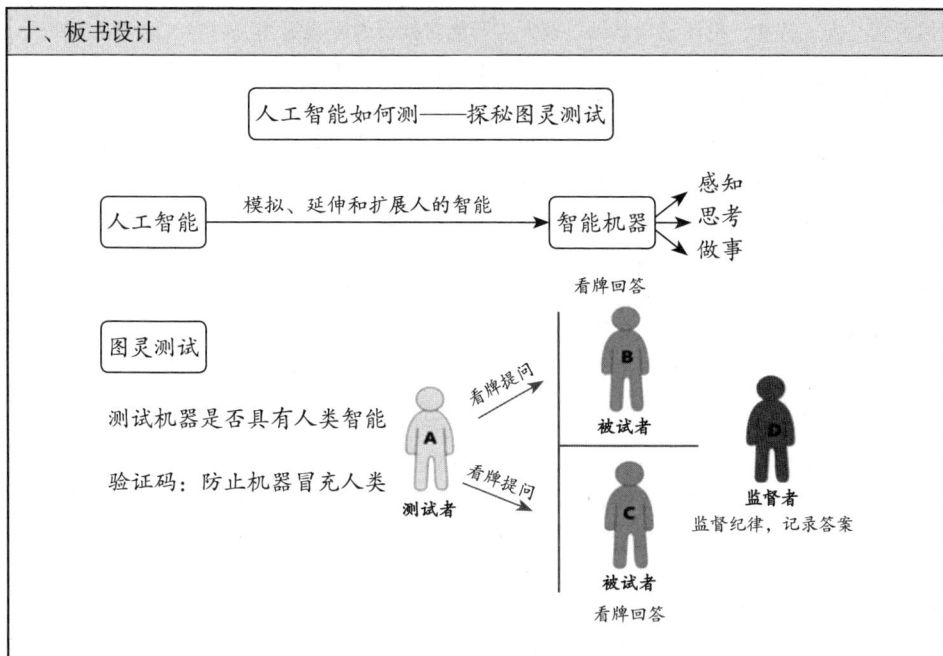

认识AI新朋友——初探人工智能

深圳市龙华区龙华中心小学　李长霖

年级	三年级上	教学环境	教室

一、教学背景分析

教学背景：本课基于新课标、对标深圳市人工智能课程纲要人工智能概述模块，初步了解人工智能的历史。

主题确立：根据三年级学生的年龄特征、认知基础及生活经验，确定《AI有魔法——初探AI》这一主题，融合科学探究知识，从解决实际问题出发，创设情境，联系实际，引导学生感知、发现、体验人工智能技术，并运用人工智能技术解决生活实际问题。

二、教学内容分析

本课内容依据《深圳市义务教育人工智能课程纲要》、融合龙华区三年级课程资源设计，是面向深圳市义务教育阶段小学三年级学生开展的人工智能课程第一课。学生主要学习自然智能与人工智能、机器感知基础以及人工智能对社会的影响等相关内容。融合二年级人工智能课程第二课《AI识花》对人工智能技术进行初步的了解和探索，从而树立正确的人工智能价值观，初步形成人工智能意识。

作为面向全体学生的基础性课程，教学内容遵循学生的认知规律。问题引领，探索智能、人类智能与人工智能；再与身边的人工智能对话，充分感受人工智能怎么用；而后结合生活实际，体验"拍照识花"；以体验为主，从自然智能出发，向学生科普人工智能的基本常识。用具体的实例向学生展示人工智能在生活中的运用；在通过体验AI识花的工具，发展学生的人工智能思维，培养学生用人工智能解决问题的能力。同时通过以"我要人工智能为我做……"为主题的讨论，用师生共同探讨的方式引导学生树立正确的人工智能价值观，形成良好的人工智能意识，也为之后"身边的人工智能"体验与分享作铺垫。

三、学情分析

一方面，三年级的学生处于具体形象思维到抽象思维过渡的阶段，因此采用问题引领、体验为主的教学形式，帮助学生理解人工智能。另一方面，学生在生活中或多或少的接触过人工智能技术，比如语音识别或是人脸识别技术。所以，选取讲解的案例从学生的实际生活出发，利用学生已经接触或者能够接触到的事物进行讲解，更好地激发学生学习兴趣，便于学生对人工智能开展更深入地学习。同时，由于学生对人工智能技术认识不足，需要教师更好地引导学生认识人工智能，树立正确的人工智能价值观。

四、教学目标

1. 对人工智能技术具有浓厚的学习兴趣，了解人工智能技术的魅力，具有使用人工智能技术处理事情的意识。

2. 可以从"智能"出发，认识"人工智能"的含义。了解人工智能是对人类智能的模拟，可以模仿人类去想问题、做事情。

3. 能够辨别AI识花的主要步骤，发展计算思维。

4. 能够合理使用人工智能，注重人工智能使用伦理。

5. 通过视频资源开展学习，并能在课后用文字、图片、音频、视频等方式记录自己体验人工智能技术的过程、形成数字化学习意识。

五、教学重难点

重点	难点
（1）了解人工智能的简称是AI。了解人工智能是对人类智能的模拟，可以模仿人类去想问题、做事情； （2）知道什么是人工智能； （3）能用自己的话总结AI识花的主要步骤； （4）能够说出人工智能优势，合理使用人工智能。	（1）会使用工具帮助学习； （2）可以用自己的话总结出AI识花的工作过程； （3）能够说出人工智能的优势。

续表

六、课前准备
演示课件、微课视频、导学单

七、教学过程

教学环节	教师活动	学生活动
激趣导入 问题引领 （3 min）	【动画导入】AI是什么？ 今天，我们就一起来认识一下AI——人工智能这个新朋友 【出示主题】AI新朋友——初探人工智能 【问题引领】 问题1：有没有同学之前听说过人工智能？ 问题2：哪位同学可以说一说你了解的人工智能是什么样的？	观看导入视频，思考什么是人工智能：智能音箱、电话手表、手机助手、扫地机器人、AlphaGO、自动驾驶等。

设计意图：动画导入，提出问题引导学生思考，激发好奇心。

教学环节	教师活动	学生活动
活动探究 问题解决 （20 min）	【小组讨论，说一说】 问题3：人工较好理解，那什么是智能呢？完成课堂探究活动 问题4：以上最智能的是什么呢？ 根据学生回答，总结人类智能： 	思考讨论，解释说明，完成活动记录一，小组汇报。 回答问题：最智能的是人，并用自己的话说明理由。

活动探究 问题解决 （20 min）	【交个朋友，聊一聊】 思考一个问题，与小度聊一聊 说一说与小度交流的过程 对比人类智能与人工智能，试着总结人工智能的概念 【智能PK，比一比】 活动一： 小组PK，判断对错，看看哪些物体属于人工智能，哪些不属于。 活动二： 将人工智能与非人工智能分分类。	与小度聊天，深度感受身边的人工智能。 用自己的语言说出人工智能模仿人类：能听会说能思考的特性。 知道什么是人类智能与人工智能的区别。 用自己的话总结人工智能的概念。 参与活动，加深理解。

设计意图：融合科学学科的分类方法，合理的表达观点，引导学生提出疑问，体现人工智能学科的科学性，促进学科的深度融合，实现：可以从"智能"出发，认识"人工智能"的含义、了解人工智能是对人类智能的模拟，可以模仿人类去想问题、做事情，这一教学目标，突破重点。

教学环节	教师活动	学生活动
活动探究 深度体验 （10 min）	【AI识花，用一用】 活动记录二　小组合作，用形色识花App：查查下面的花，都是什么花？ ①_____　②_____ ③_____　④_____ 问题5：有无识别到不同的名称？ 问题6：为什么AI能认识花朵？ 播放视频：AI识花需要学习的知识。	小组合作，使用工具搜索并填写花的名称，完成活动记录二。 说一说，是否识别到有其他种类。

活动探究 深度体验 （10 min）	【识花步骤，排排序】 像人的眼睛　　　花朵的名称、习性等　　　像人一样思考 ①拍照　　　　　②返回结果　　　　③AI图像识别	说一说，排一 排。

设计意图：以学生为中心，通过体验活动，将学习到的关于人工智能的知识进行迁移和内化，再次强调根据实际问题来选择合适的人工智能技术解决问题，引导学生从自己的认知梳理出人工智能应用领域与技术，有助于培养学生的概括归纳和提炼总结能力，达成教学目标，突破难点。

教学环节	教师活动	学生活动
深入探讨 总结评价 （7 min）	【深入探讨，说感受】 问题7：认识了AI这个新朋友，遇到困难时，你想AI如何帮助你？ 【总结评价，谈收获】 填写评价问卷星 总结学习要点，强调根据实际问题来选择合适的人工智能技术解决问题，合理使用人工智能。	畅谈设想。 收获总结、自我评价。

设计意图：对知识小结梳理。能够合理使用人工智能，注重人工智能使用伦理。

教学环节	教师活动	学生活动
课后活动 深入生活	请跟着家人或好朋友周末一起去体验身边的AI! 拍下体验的视频和图片，在视频中说一说体验完后对AI的感受。	课后体验，上传网络。

设计意图：引导学生发现生活中的人工智能，为后续课程作铺垫。

八、教学评价

序号	学习收获	自我评价	组员评价	教师评价
1	了解人类智能的概念			
2	了解人工智能的概念			
3	会使用AI识别花朵			
4	能说出AI识花的过程			
5	其他收获			

九、教学特色

问题引领，体验为主。科学探究，循序渐进。

无处不在的人工智能

深圳市龙华区鹭湖外国语小学　古兴东

一、教材分析

现在正处于技术快速发展的信息时代，在生活中，在校园里，在学习上，学生可能看到过或听说过一些人工智能的应用案例，但对于具体什么是人工智能还不是很了解。本课是人工智能初识课，主要介绍当前人工智能应用的案例。

本课是人工智能启蒙课程（6课时）第1课时的内容，让学生了解人工智能的应用，理解人工智能，了解人工智能的发展历史，提升对人工智能的认识，培养对科技的兴趣，提升信息科技核心素养，理解利用人工智能科技为人类造福，通过信息科技为人类服务。

二、学情分析

本课时的教学对象是五年级学生。学生在上学期的学习中，已经对编程知识有了一定了解，为本课时学习打下了坚实基础。此次教学使用的是新的编程平台，此课是第1课时，因此学生还不了解操作方法，需要老师细致引导学生逐步掌握知识。

三、教学目标

1. 信息意识：了解人工智能的定义、发展历程及身边的各类应用。

2. 计算思维：通过交流讨论，理解人工智能识别应用的基本原理，探索解决学习或生活中的问题。

3. 数字化学习与创新：利用人工智能实验平台，初步尝试进行人工智能识别体验。

4. 信息社会责任：增加人工智能识别安全意识，注意智能识别信息安全。

四、教学重难点

1. 重点：了解身边的人工智能应用，初步理解人工智能。

2. 难点：会登录实验平台，进行智能识别初体验。

五、教学过程

（一）看一看：播放生活中的AI视频

1. 教师播放生活中人工智能应用的视频，展示人工智能应用案例。学生欣赏，加深认识。

2. 导入本节课主题《人工智能初体验》。

设计意图：了解人工智能在生活中的应用，激发学生对人工智能应用的兴趣。

（二）想一想：什么是人工智能？

介绍人工智能的定义及历史。

简要介绍人工智能进行识别的基本原理。

设计意图：培养信息素养，提升信息意识，初步了解人工智能的定义。

（三）说一说：介绍生活中的智能图像应用

1. 学生介绍人工智能在生活中的应用：人脸识别门禁、识别花、语音控制、机器人送物、无人驾驶车辆、无人机等。

2. 教师介绍校园中的应用：如机器人智能讲解、会议签到、智能会议屏、饭堂识别应用等。

3. 展示利用人工智能学习工具解决学习问题，识字、识题、智能翻译、识花、识别动作姿态。

设计意图：通过交流讨论，理解人工智能识别应用的基本原理，探索解决学习或生活中的问题。

（四）玩一玩：应用展示

1. 老师介绍平台，示范识别。

2. 学生初步自主识别应用。

3. 学生互动交流，解决人工智能识别方法。

设计意图：通过玩中学，学中玩，促进数字化学习与创新。

（五）秀一秀：介绍体验情况

1. 学生介绍平台体验情况。

2. 学生讨论分析人工智能应用情况。

3. 注意信息安全、人脸数据的保存，以免数据泄露。

4. 提升信息社会责任。作业批改：不能用于作弊，应用于辅导判断，分析错误。

设计意图： 理解人工智能应用，强化多元评价。提醒学生要有信息社会责任，注意信息安全。

（六）讲一讲：说说本节课的收获

1. 引导学生说说本节课的收获，人工智能的应用。

2. 鼓励学以致用，与家人、朋友分享人工智能应用，回家展示。

设计意图： 总结，提升，理解人工智能在学习与创新中的应用。

六、主题设计思路说明

1. 提升信息科技核心素养。

2. 体验玩中学，学中玩。

3. 促进信息科技与学科融合。

七、板书设计

$$\left.\begin{array}{l}校园\\生活\\工业\\医疗\\交通\\……\end{array}\right\} 人工智能$$

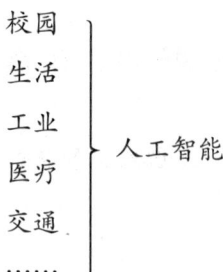

（本设计为2023年6月7日深圳市义务教育阶段学校办学水平评估推荐课内容）

第二章　机器感知

AI识人

深圳市龙华区鹭湖外国语小学　林泽珊

年级	三年级上册	教学环境	计算机教室

一、教学内容分析

本课时为人工智能课程中非常重要的一节，属于龙华区"人工智能"课程三年级上册"识人识面有魔法"单元的第2节课《AI识人》。本课旨在让学生体验人工智能应用中的人脸识别功能，通过游戏体验、活动探究、平台操作、拓展延伸等环节，感知人脸识别的原理及其在生活中的应用。引导学生了解人脸识别的基本过程，再通过展示人脸识别在生活和校园及刑侦上的应用案例，增强学生对人脸识别技术的理解，进一步明晰人工智能技术在生活中的应用及其利弊，初步形成用该技术解决实际问题的意识。

人脸识别不仅是人工智能领域的一个重要应用，也是学生理解和掌握人工智能基本原理和技术的重要途径。本课时安排在第1课时讲解了人工智能基本知识之后，进一步深入学习人工智能知识，并为下一课时人工智能识别情绪奠定基础。

二、学情分析

本课授课的对象为三年级学生，学生对新技术充满好奇，虽然是刚开始接受信息科技课程，但是日常生活中见过人脸识别解锁、刷脸支付等常见的人脸识别技术的生活应用现象。此阶段的学生已经具备了一定的观察能力，对于生活现象有自己的见解并且具备一定的分析能力。但是学生对于生活中的技术应用还没有认真思考，对于现象背后的技术问题的发现、分析和解决能力有待提高。

三、教学目标

（一）知识与技能

1. 理解人脸识别的过程。

2. 知道生活中人脸识别技术的应用，增强关注前沿技术的信息意识。

（二）过程与方法

1. 根据生活中的现象思考人脸识别的过程，提升迁移能力，并从活动体验中归纳总结出人脸识别的过程，培养逻辑思维。

2. 操作人工智能实验平台，感知人脸识别的过程，提升数字化学习与创新能力。

（三）情感、态度与价值观

增强信息安全意识，客观看待和使用人脸识别等智能技术，增强信息社会责任。

四、教学重难点

重点	难点
了解人脸识别的过程，体会人脸识别的意义及应用。	了解人脸识别的过程。

五、课前准备

电脑摄像头、人工智能教学平台（lh. learn. qq. com）、希沃白板5、创建人脸识别的课程和发布作业、导学单、微视频资源。

六、教学过程

教学环节	教师活动	学生活动
游戏体验引出课题（5 min）	1. 复习回顾 在上一节课中，我们体验了腾讯智启AI实验平台的"人脸验证"应用。它可以自动识别出两张照片中人脸的相似度。我们来回忆一下，什么是人工智能呢？ 对了！人工智能就是人类给予机器会看、会听、会说以及会思考的能力。 在初步了解了人工智能技术之后，这节课，我们将进一步学习机器对人脸的识别过程。 深圳北站就应用了人脸识别的过程，现在我们进站乘坐高铁都是刷脸进站呢。播放深圳北站刷脸进站的微视频，引出问题：刷脸进站自助核验机用到了什么设备？（摄像头）。引出本节课主题：AI识人。 2. 游戏互动：猜猜ta是谁 展示动漫人物的眼睛部位的图片，看看同学们是否能够猜出来是哪个动漫人物。引导同学们根据五官特征猜出图片中的动漫人物。（也可以用班级里的同学照片为例） 	1. 我们乘坐高铁进站时是通过刷脸验证进入高铁站的。 2. 观看微视频，并回答问题。 3. 观察人脸特征，参与"猜一猜"活动，思考人识别人脸的过程：看见图像—提取关键特征—和印象中的人脸进行一一对比—得出结论。

| 游戏体验
引出课题
（5 min） | 另外一个动漫人物的图片一开始是模糊的，经过计算机处理后，图片变得清晰，再比较学生的猜中率，提前体会预处理的优势，使他们形成预处理的前概念。

设疑：人是如何认出对方是谁？引导学生想到将图片中的人物的五官特征和已有熟悉的动漫人物进行比对，为机器识别人脸的讲解埋下伏笔。 | |

设计意图：本环节以学生身边的深圳北站这一真实场景，以熟悉并大多体验过的刷脸进站这一活动引出本节课的学习主题——AI识人。再以熟悉的动漫人物或身边的人物开展识别过程的初体验，体验"关键特征"的重要性，进而更易理解计算机识别人脸的过程。同时由人识别人脸引入机器识别人脸，拉近机器与人的距离，既激发学生兴趣，又为机器识别人脸的讲解埋下伏笔。

教学环节	教师活动	学生活动
活动探究 感知原理 （15 min）	1. 活动探究（4 min）：百变激萌 教师发布活动要求：打开摄像头，留下一张正脸自拍照，体验不同的装扮贴纸。 抛出问题：为什么帽子能够准确地套在头上，而不是套在眼睛上或者鼻子上？ 引导学生推出结论：摄像头检测和采集到了五官的具体位置和信息。 总结：引导学生推理归纳出人脸识别的第一步也是非常重要的一步——人脸图像的检测与采集，摄像头检测和采集到了五官的位置、大小等信息。 2. 探究人脸识别的过程（9 min） 组织学生自主阅读，再经过讨论，完成导学单的第1题：人脸识别的过程。 播放微视频：让学生带着讨论结果观看微视频，完成学习导学单第1题讨论结果的验证。 让学生上台展示填写的结果，讲解和引导学生一起归纳出人脸识别的过程，让学生带着已有的答案跟着教师再梳理一遍思路，对人脸识别的过程和原理有更深刻的理解。	1. 学生上台操作人工智能实验平台，体验活动。 学生操作体验，并思考推理，从为什么帽子特效套在头上得出摄像头检测和采集到了五官的具体信息。 2. 先自主阅读，再经过讨论，学习导学单的第1题，边观看微视频，边核对讨论的结果。学生代表上台展示记录的

活动探究 感知原理 （15 min）	3. 实例巩固（2 min） 播放视频"刷脸过闸机"，分组讨论，让学生根据人脸识别的原理，说一说在这一过程中，系统如何实现识别出老师。	结果。 3. 思考并举手回答，描述刷脸过闸机的过程和原理。

设计意图： 通过百变激萌活动，让学生体会系统获取到图像后，判断是否存在人脸，体验探究人脸采集和检测的过程。进一步通过观看视频等方式了解人脸识别技术的原理，与新课标提倡小学生通过活动体验学习人工智能技术的教学理念相吻合。

学生用自己的话来解释"刷脸过闸机"系统识别老师的过程，对人脸识别的过程和原理有更深刻的理解，教师也由此诊断了解学生对新知识的掌握程度，有利于课堂教学的及时改进。

教学环节	教师活动	学生活动
平台操作 编程实现 （10 min）	1. 邀请学生上台，并打开平台作业：AI识人的编程作业。教师引导学生结合人脸识别的过程图，将积木块按顺序拼接完整。 图像采集 → 图像预处理 → 特征提取 → 特征比对 → 输出结果 当 ▶ 被点击 选择人脸库 扣叮人脸库 使用摄像头拍照，保存为 人脸图片 检测 人脸图片 人脸 搜索 人脸图片 人脸 查看全部搜索结果 2. 课堂巡视与指导，鼓励学生多尝试。	学生自主操作，相互帮助，通过编程实现人脸识别。

设计意图： 通过分析人脸识别的过程，再结合相应的代码模块进行编程，利用人工智能实验平台，完成人脸识别程序实践与体验，在操作中提高数字化学习与创新能力。教师在学生操作的过程中，板书过程图，以便学生能够形成人脸识别过程图和代码块的比较，使得学生理解更加深刻。

教学环节	教师活动	学生活动
拓展延伸 总结评价 （10 min）	1. 拓展知识：人脸识别技术在校园和生活中的应用。（2 min） 学生从最熟悉的校园生活中发现人脸识别技术的应用，再	1. 说出生活中人脸识别技术的应用。认真

拓展延伸 总结评价 （10 min）	从日常生活接触和观察人脸识别技术的应用。教师分享人脸识别技术的应用案例：国内使用最新的人脸识别技术寻找走失儿童。（3 min） 2. 播放视频——人脸识别技术的潜在危害。（2 min） 3. 组织讨论如何看待人脸识别技术带来的社会影响。（3 min） 4. 利用问卷星平台，让学生完成自我评价。 5. 总结学生的课堂表现，针对学生的评价进行反馈。 6. 课后思考：AI可以读懂我们的情绪吗？	听讲，体会人脸识别技术带来的便利。 2. 思考人脸识别技术可能带来的不良影响。 3. 发表对人脸识别技术的看法。 4. 学生完成自我评价。

设计意图：讨论人脸识别技术带来的社会影响，有意识地培养学生的信息社会责任。学生填写评价表，教师了解教学成效，有利于课堂的改进。

七、教学评价

在本节课中，教师主要以提问、设置任务、活动体验等过程性评价为主，表现在以下方面：

（1）积极回答老师提出的思考问题。

（2）在活动体验中较好完成体验内容，得出相应问题答案。

（3）完成本课学习之后，学生完成评价。

请你完成本次课堂的自我评价				
我了解人脸识别的过程。	★	★	★	★
我知道人脸识别技术在生活中应用广泛。	★	★	★	★
我会操作AI实验平台。	★	★	★	★
我知道人脸识别技术能带来便利，也存在风险。	★	★	★	★

（4）课后，能举例说明生活中的人脸识别技术。

八、教学实施参考

教学过程梳理：

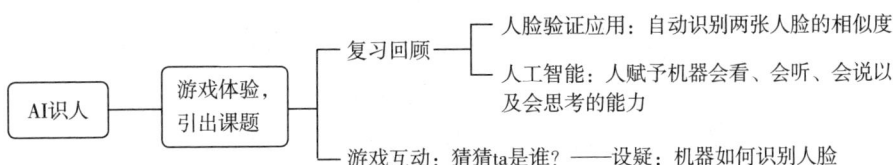

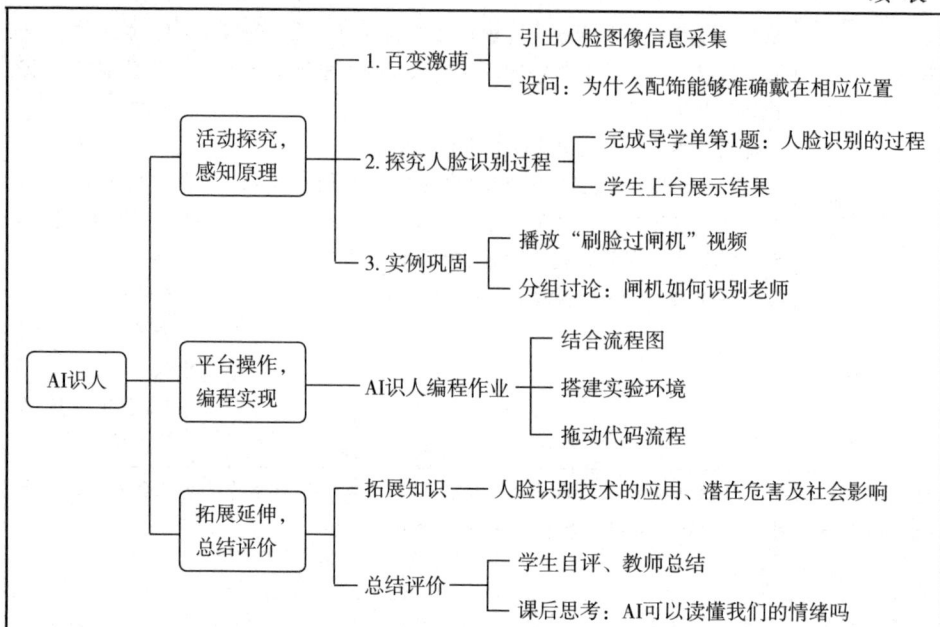

完整程序截图：

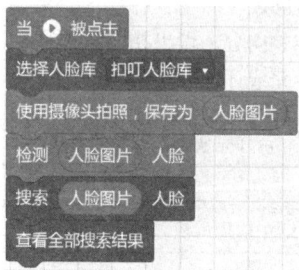

九、板书设计

AI识人

人脸识别五步曲：

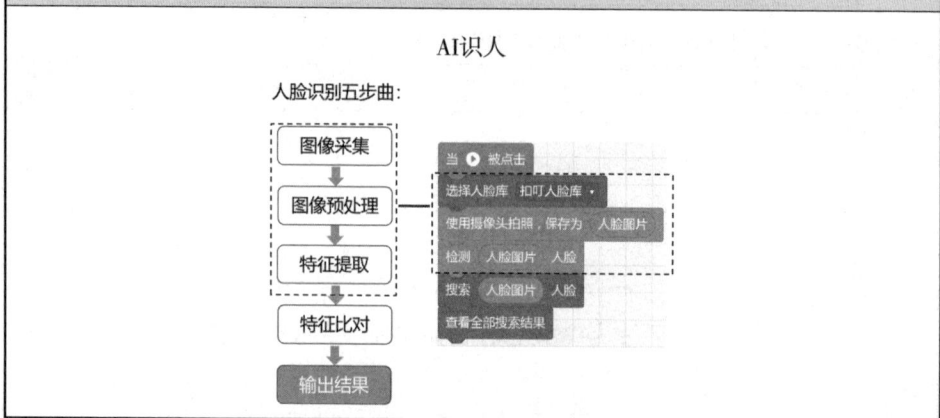

巧识动物

深圳市龙华区鹭湖外国语小学　古兴东

一、教学内容分析

本课是深圳市中小学人工智能数字课程二年级上册第3课的内容。主要是在跟着琪琪一家参观动物园的过程中，循序渐进学习智能识别动物的相关知识。课程介绍了根据特征辨别动物的样例，讲述了动物的一些自然智能现象，说明了使用手机智能识别动物的方法，分析了智能识别动物的基本原理和影响识别的因素，提出了提高智能识别动物准确度的技巧。

二、学情分析

二年级学生对人工智能数字课程兴趣深厚，也认识了一些常见的动物，通过前面两课的学习，已经对人工智能应用有了初步的认识，对图像识别的过程也有了一定的了解，为本课学习智能识别动物，理解智能识别动物的基本原理打下了坚实基础。但二年级学生年龄较小，对于使用手机智能识别动物的方法、动物的一些自然智能现象等内容的了解还不深，对影响智能识别动物的因素、提高智能识别动物准确度的方法等的认识程度不一。

三、教学目标

1.掌握智能识别动物的基本原理。

2.通过感受自然智能来理解人工智能。

3.学习通过手机智能识别动物的方法。

4.理解影响智能识别动物的因素。

5.了解提高智能识别动物准确度的技巧。

四、教学重难点

1.重点：掌握智能识别动物的基本原理，学习智能识别动物的方法。

2. 难点：能理解影响智能识别动物的因素，会一些提高智能识别动物准确度的技巧。

五、课前准备

1. 教学资源：教学视频、教学课件、教学设计。

2. 教学设备：电脑、智能手机或平板电脑（演示）。

六、教学过程

教学环节	教学活动
温故知新 复习旧知	1. 引导学生回忆上节课拍照识花的内容。 2. 播放拍照识花视频，复习识别花朵的过程。
设计意图：通过复习上节课的内容，巩固拍照识花的方法，为本课智能识别动物作铺垫。	
情境导入 激发兴趣	1. 播放形态各异的动物，让学生欣赏。如会跑的老虎、狮子，能飞的天鹅、白鹭，会游的鲸鱼、鲨鱼…… 2. 提出问题，引导学生思考：认识这些动物吗？还认识哪些动物呢？想不想认识更多的动物呢？ 3. 情境导入新课，跟着琪琪一家走进动物园，认识动物。
设计意图：创设参观动物园的情境，首先通过欣赏形态各异的动物，激发学生对动物的兴趣。然后以问题为导向，引导学生思考是否认识这些常见动物，还认识哪些动物？ 顺势导入主题，跟着琪琪一家走进动物园，认识更多的动物……	
知识新授 识别动物	1. 引导学生进入主题，参与"巧识动物"挑战赛，通过四关任务，逐步认识动物，掌握知识。 2. 参与【第一关】"猜一猜"——根据特征妙判断 （1）公布题目一，引导学生猜一猜这是什么动物，并说一说判断依据。 题目一：你能猜出这种动物的名称吗？（逐步显示动物的一部分） （2）请学生回答，说出判断依据。 （3）公布正确答案，分析判断是否正确。

教学环节	教学活动
知识新授 识别动物	 （4）公布题目二，引导学生猜一猜这是什么动物，并说一说判断依据。 题目二：请猜猜这是什么动物。（逐步显示动物的一部分，播放蜜蜂飞行嗡嗡声） （5）请学生回答，说出判断依据。 （6）公布正确答案，分析判断是否正确。 （7）小结：动物都有一些特征，可以根据动物的外表、声音等进行分析、判断。

续 表

教学环节	教学活动
知识新授 识别动物	（8）介绍动物的一些自然智能现象。如蜜蜂会分工合作，有的采蜜，有的筑巢、警卫、保育等；鸟类会结队飞行，变换队形，一起觅食、防御、取暖等；蚂蚁也会分工，有的探路、有的搬运等。 3.参与【第二关】"认一认"——使用设备巧识别 （1）展示学生不认识的动物，或不易判断的动物。引导学生思考，怎么办？能否借用身边的设备进行智能识别呢？ （2）尝试使用手机智能识别动物。 （3）介绍手机能智能识别动物的原理。不同动物都有它的一些特征，不但形态有差异，外表的颜色、花纹和光滑程度等也都不一样。手机上智能识别的软件，识别出动物的特征后，与动物图库进行比较，最终反馈最相似的动物信息。 （4）展示手机智能识别动物的方法。 ①打开手机上的智能识别软件。（比如一些软件具有拍照识万物、智慧视觉识物等功能，可以识别动物） ②将手机摄像头对准动物整体。 ③手机要拿稳，不晃动。 ④开始识别后，稍等一下就可以看到识别的结果了。 （5）小结智能识别动物的两个锦囊，一个是需要可以智能识别的硬件，如手机、平板电脑等，另一个是需要可以智能识别动物的软件。 4.参与【第三关】"测一测"——识别方法知多少 （1）出示题目一，引导学生进行分析，并回答问题。 题目一（单选题）：要智能识别动物，以下哪个硬件不可以实现？ A.手机　　　B.平板电脑　　　C.手环 （2）请学生回答，说出判断依据。 （3）公布正确答案C。分析原因，根据智能识别动物的两个锦囊进行判断。手环一般用于计步等，通常没有摄像头，也没有可以智能识别动物的软件。 （4）出示题目二，引导学生进行分析，并回答问题。 题目二（判断题）：只要有智能识别动物的硬件和软件，就一定可以识别所有动物吗？

续 表

教学环节	教学活动
知识新授 识别动物	（5）请学生回答，说出判断依据。 （6）公布正确答案是"错误"。分析原因，要智能识别动物，除了必需的硬件和软件外，还会受到各种因素影响，比如，动物躲在树上、山洞里、水中都不好识别。又比如，光线比较暗，距离动物比较远，或者动物在运动中时，都可能很难识别。 5. 参与【第四关】"想一想"——提高识别有技巧 （1）引导学生思考，并交流讨论，哪些方法可以提高智能识别动物的准确度呢？ （2）介绍提高智能识别动物准确度的技巧。 ①识别动物时，要拿稳手机，对准动物全身。 ②如果光线不足，可以在不影响动物的情况，适当开一些柔和的灯。 ③当距离动物比较远时，可以等动物走近了，再进行识别。 ④动物在运动的时候，识别的图像要是比较模糊，可以等动物休息时再进行识别。 ⑤可以多角度、多次尝试进行识别……

设计意图：

通过创设"巧识动物"挑战赛的情境，引导学生经历"猜一猜""认一认""测一测""想一想"四个关卡，循序渐进掌握新知。从根据动物特征识别动物开始，到学习使用手机智能识别动物的方法，渐渐理解智能识别动物的原理，从而巧妙地解决教学重点。再通过课堂练习，分析影响识别的各种因素，提升对智能识别动物的认识。最后交流讨论，突破教学难点，学会提高智能识别动物准确度的一些技巧。

第一关"猜一猜"：引导学生根据动物的外表、声音等特征进行判断，猜测是什么动物，初步掌握根据动物特征识别动物的方法，为接下来讲解手机智能识别作铺垫。并介绍蜜蜂等动物具有的一些自然智能现象。

第二关"认一认"：通过问题导向，引导学生思考遇到不认识的动物，或不易判断的动物，怎么办？能否使用身边的设备，如手机进行智能识别？激起学生的求知欲。紧接着，尝试使用手机智能识别动物，激发起学生对智能识别动物的兴趣。最后，介绍手机能智能识别动物的原理，并说明识别动物的方法，加深学生对人工智能技术应用的认识。

第三关"测一测"：通过简单的测试题，检验学生对知识的掌握程度，巩固新知。其中题目一，选择不能识别的硬件，主要是考查学生对智能识别动物两个锦囊的理解，一个是需要智能识别动物的硬件，另一个是能智能识别的软件。题目二，是判断题，引导学生深入思考，并分析智能识别动物会受到哪些因素的影响，进一步提升对智能识别动物的认识。

第四关"想一想"：针对"测一测"中，提出的智能识别动物还会受各种因素的影响，引导学生进行交流讨论，提出一些提高智能识别动物准确度的方法、技巧。

教学环节	教学活动
小结收获 拓展延伸	1. 请学生谈谈这节课的收获。 2. 小结这节课主要内容。 3. 介绍课后活动，鼓励任选一种进行尝试。 （1）实践类：在家长协助下，使用智能设备尝试识别动物。 （2）体验类：在家长协助下，使用电脑，通过平台识别动物图片。 （3）表达类：与人分享智能识别动物的内容。

设计意图： 引导学生思考本节课的收获，并与大家分享，锻炼归纳能力。在学生归纳的基础上，小结本节课的主要内容。并鼓励学生在家长协助下，学以致用，完成课后活动。活动分实践类、体验类、表达类三种进行设置，学生可以根据自己实际情况任选其一。一是实践类，适合可以使用手机或平板电脑的学生。二是体验类，适合可以使用电脑的学生。三是表达类，适合不方便使用设备的学生。

七、课后活动（可三选一）

1. 实践类：在家长协助下，使用手机或平板电脑，通过智能识别的软件尝试识别动物。

2. 体验类：在家长协助下，使用电脑，通过提交动物的图片到一些可以智能识别动物的平台，体验识别动物的过程。

3. 表达类：向父母、同学或朋友分享智能识别动物的内容，交流学习知识。

八、板书设计

第3课 巧识动物

"猜一猜"——根据特征妙判断

"认一认"——使用设备巧识别

"测一测"——识别方法知多少

"想一想"——提高识别有技巧

九、教学反思

学生对智能识别动物很感兴趣，课堂中认真倾听，积极思考，踊跃回答。能根据动物特征辨别常见动物，基本能理解智能识别动物的原理，大部分能掌握使用智能手机识别动物的方法。学生基本理解识别动物需要硬件和软件两个锦囊，但是还会受到各种因素的影响，有一些同学不是很理解，"测一测"环节有学生会出错。大部分学生能提出各种各样提高智能识别动物准确度的办法，但有一些方法需要根据实际情况进行分析。如动物躲藏起来不易识别时，有学生提出可以通过食物吸引动物靠近进行识别。教师应提醒安全问题：一是学生的安全，避免被动物伤到；二是动物的安全，避免食物过量或被污染，对动物造成伤害。

AI运动

深圳市龙华区鹭湖外国语小学　　古兴东

一、教学内容分析

本课是深圳市中小学人工智能数字课程二年级下册第5课的内容。本课主要是跟着亮亮、淘淘一起到体育馆运动，从AI热身开始，再到AI跳绳运动，最后进行AI智能身体检测。通过以上三个环节应用，学生循序渐进地了解人体姿态识别，明白AI运动的基本原理，理解AI智能身体检测的原因。

二、学情分析

二年级学生对人工智能数字课程兴趣浓厚，有一些学生也在商场中见过一些AI运动，或者通过手机体验过一些AI运动，而且在一年级课程也学习过AI顺序摸球运动，这为本课学习和理解AI运动的基本原理打下了坚实基础。但二年级学生年龄较小，对于人体姿态识别的认识和AI智能身体检测原理的理解还需要逐步认识的过程。

三、教学目标

1. 了解AI运动并能举例说明。

2. 理解AI人体姿态识别原理。

3. 知道AI智能身体检测。

四、教学重难点

1. 重点：了解AI运动并能理解AI人体姿态识别原理。

2. 难点：理解AI智能身体检测的原因。

五、课前准备

1. 教学资源：教学视频、教学课件、教学设计。

2. 教学设备：电脑、智能手机或平板电脑（演示）。

六、教学过程

教学环节	教学活动
温故知新 复习旧知	1.引导回忆上节课"智能家居"动画的内容。 2.播放智能家居控制的视频，复习智能控制家居应用。
设计意图：通过复习上节课的内容，巩固对智能控制家居的认识，为本课新授AI运动作铺垫。	
情境导入 激发兴趣	1.显示运动图片：如举哑铃、转呼啦圈。 2.提出问题，引导学生思考：你知道这些运动吗？你还尝试过哪些运动呢？ 3.显示AI顺序摸球图片。 4.引导思考：还记得一年级介绍过的AI顺序摸球运动吗？你想知道更多的AI运动吗？ 5.情境导入新课：跟着亮亮、淘淘走进体育馆参与运动。
设计意图：首先通过欣赏各类运动的图片，激发学生对运动的兴趣。然后以问题为导向，引导学生思考玩过哪些运动，知道有哪些AI运动。顺势导入主题，跟着亮亮、淘淘走进体育馆，认识AI运动……	
知识新授 AI运动	1."玩一玩"——【AI+热身运动】 （1）显示AI热身运动。

教学环节	教学活动
知识新授 AI运动	（2）请学生回答：猜猜这是什么运动，为什么跟着做热身运动，动作标准了，就能得分呢？ （3）介绍人体姿态识别过程：AI运动屏上面的摄像头可以识别人的姿态。机器对记录数据进行预处理，提取出特征，分析人体的骨骼、关节和关键部位，标识出人体的18个关键点。当人运动的时候，这些关键点会随之发生变化，再把记下的数据和数据库中的标准动作数据比一比，最后形成分数。 （4）练习1：请学生回答：AI热身运动主要使用了哪种可以智能识别人体姿态的设备？（　　） A. 显示屏　　　　　B. 摄像头　　　　　C. 麦克风 （5）介绍正确答案：B，说明判断依据。显示屏主要是显示作用，麦克风是采集声音的，摄像头用于识别人体姿态。 2. "动一动"——【AI+跳绳运动】 （1）展示AI跳绳运动。 （2）请学生回答，为什么跟着屏幕跳绳就可以自动计数？而且可以多人同时进行呢？ （3）介绍AI跳绳的原理。通过摄像头进行人脸识别，可以同时识别到多人。使用人体骨骼姿态识别算法，可以对人的跳绳姿态进行识别，实现自动计数。将个人的跳绳情况记录下来，进行自动统计，然后智能分析，提出运动建议。 （4）练习2：请学生回答，AI跳绳运动主要使用了哪些人工智能技术呢？（　　） A. 语音识别　　　　　B. 姿态识别　　　　　C. 人脸识别 （5）介绍正确答案：B，C，说明判断依据。姿态识别，可以实现跳绳计数。人脸识别，可以判断是谁，实现统计、分析。 3. "测一测"——【AI+身体检测】 （1）展示AI身体检测设备。 （2）请学生回答，为什么这个设备可以智能检测身体呢？ （3）介绍AI身体检测的原理。AI智能体测仪器除了有摄像头外，还有多种先进的传感器。通过这些先进的传感器以及身体智能分析系统，就可以监测身体的状况，还可以根据个体差异提供相应的健康运动建议。 （4）练习3：请学生回答，怎样才能实现AI智能身体检测呢？（　　） A. 只要有先进的传感器 B. 只要有可以智能身体检测的软件 C. 需要有先进的传感器和智能身体检测的软件 （5）介绍正确答案：C，说明判断依据。实现AI智能身体检测需要先进的传感器和智能检测的软件。

教学环节	教学活动
	设计意图： 引导学生经历"玩一玩""动一动""测一测"三个环节，循序渐进掌握新知。 **"玩一玩"——【AI+热身运动】：**通过介绍AI热身运动的应用，以及对人体热身动作进行准确判断的原因分析，引导学生了解通过AI屏上的摄像头，识别人体骨骼、关节及关键部位，实现AI热身运动的过程，让学生加深对人体姿态识别技术的认识和理解。 **"动一动"——【AI+跳绳运动】：**通过介绍AI跳绳运动的应用，以及多人跳绳可以进行自动统计的原因分析，引导学生理解通过多人的姿态识别，实现多人同步AI跳绳统计的过程。并介绍了可以结合人脸识别，实现对个人跳绳情况进行统计分析的应用，让学生加深对AI运动的理解。 **"测一测"——【AI+身体检测】：**通过介绍AI身体检测的应用，以及可以进行智能身体检测的原因分析，引导学生了解可以利用AI屏上一些先进传感器和智能检测的软件，实现智能检测心率、血压、运动强度等内容，增加对先进传感器和智能身体检测软件的认识。
小结收获 拓展延伸	1.请学生谈谈这节课的收获。 2.小结这节课主要内容。 3.介绍课后活动，鼓励学生任选一种进行尝试。 （1）家中体验：在家长协助下，使用手机上的AI运动软件进行体验。 （2）社会实践：在家长带领下，到社区、商场或其他有AI运动的地方进行AI运动实践。 （3）分享交流：与他人交流、分享AI运动的内容。
	设计意图：引导学生思考本节课的收获，并与大家分享、交流，锻炼归纳能力。鼓励学生学以致用，可以根据自己实际情况任选其一。一是家中体验，适合手机或平板电脑安装了AI软件的学生。二是社会实践，适合周围社区、商场等地有AI运动设备的学生。三是分享交流，适合不方便进行AI运动的学生。

七、板书设计

第5课　AI运动

"玩一玩"——【AI+热身运动】

"动一动"——【AI+跳绳运动】

"测一测"——【AI+身体检测】

八、教学反思

学生对AI运动很感兴趣，本课学习中，学生课堂上能积极介绍所知道的一些AI运动内容，比如通过手机进行AI运动或在商场中玩AI运动游戏等；并认真思考，分析利用AI可以进行热身运动，能够实现多人跳绳时自动统计以及身体情况智能检测分析的原因。但是因为二年级学生年纪较小，对AI运动的原理，尤其是对于人体姿态识别中关键节点、骨骼的判断，以及智能身体检测的原因，还需要细致介绍。

（本设计为深圳市人工智能数字课程二年级内容）

神奇的自动驾驶

深圳市龙华区鹭湖外国语小学　古兴东

一、教材分析

本课是深圳市人工智能学习平台1五年级上册第3课的内容。本课主要是通过类比人类的感知，介绍自动驾驶汽车的感知系统，重点讲解了机器感知的定义与自动驾驶过程，引导学生通过体验人工智能学习平台中《AI识人》，增强对人脸智能识别的理解。此外学生通过编写能智能识别图像的程序，体验图像识别技术的应用，增强对自动驾驶汽车中智能感知的认识。

二、学情分析

本课的授课对象是小学五年级的学生。学生熟悉人类的感知，有利于理解自动驾驶汽车感知系统的基本工作原理。而且学生经过前面两课的学习，对人工智能学习平台的使用也有了一定认识，有利于使用人工智能学习平台的《AI识人》进行人脸识别体验。但是，此课为第3课时，对设计编写能智能识别图像的程序，还不是特别熟练，而且对自动驾驶技术利与弊的理解不深，需要教师逐步引导学生掌握知识。

三、教学目标

1.通过类比人类的感知，理解车辆智能识别的基本原理。

2.了解机器感知的定义与自动驾驶过程。

3.通过使用"AI识人"实验平台，理解人脸识别的原理。

4.通过编写图像识别的程序，增强对智能识别的理解。

5.理解自动驾驶技术的利与弊。

四、教学流程

本节课主要包括"情境导入—游戏互动—知识新授—识人体验—编程实践—问题探究—总结拓展"七个教学环节。

为有助于学生理解智能自动驾驶，本节课首先通过智能驾驶视频导入，激发学生的学习兴趣，并类比人类感知，引出自动驾驶汽车的感知系统；然后引导学生通过分析，理解基本工作原理，并观看视频介绍，了解机器感知的定义，理解传感器的类型及其作用；其次引导学生使用人工智能学习平台的《AI识人》进行人脸识别，加深对智能识别技术应用的认识；最后设计编写能智能识别图像的程序的任务，让学生体验图像识别技术的应用，并通过对自动驾驶技术的利与弊进行讨论分析，增强对智能自动驾驶的优势和不足的理解。

五、教学重难点

1. 重点：了解机器感知的定义与自动驾驶过程，会使用"AI识人"实验平台。

2.难点：能编写简单"图像识别"程序，理解自动驾驶技术的利与弊。

六、教学准备

深圳市青少年人工智能教学平台1、课件、视频、导学单等。

七、教学过程

教学过程	教师活动	学生活动	设计意图
情境导入	1. 教师播放城市交通中自动驾驶汽车的应用视频。 2. 导入主题学习《神奇的自动驾驶》。	1. 观看视频，了解自动驾驶汽车应用。 2. 明白学习主题。	以自动驾驶汽车应用视频导入，激发学生的学习兴趣。
游戏互动	1. 请学生玩蒙眼游戏。 2. 请学生说出游戏中人类的感知方式以及前行的过程。 3. 分析：人走、车行的过程。	1. 学生游戏体验身体感知。 2. 学生说感受。 3. 学生思考。	体验人类听觉、触觉、视觉等感知方式。通过分析人、车感知的过程，了解自动驾驶的基本原理。
知识新授	1. 教师播放介绍自动驾驶汽车的感知系统视频。 2. 教师对比人机过程，讲解自动驾驶机器感知系统、组成要素及基本工作过程。 3. 教师讲解机器感知的定义，引入传感器的概念，并引导学生思考实现自动驾驶技术需要具备哪些传感器。 4. 引导学生谈自动驾驶技术中各类型传感器的基本用途。 5. 教师布置任务：连一连、填一填；检验掌握情况。	1. 学生观看视频。 2. 学生了解自动驾驶机器感知。 3. 学生认真听讲，了解定义。 4. 学生交流讨论传感器的应用。 5. 学生完成连一连、填一填。	以详细的视频介绍，让学生理解自动驾驶汽车感知系统，突破教学的重点。同时引导学生经过讨论、分析，理解机器感知定义及传感器的应用。
识人体验	玩一玩，体验"AI识人" 1. 介绍深圳教育云资源平台人工智能教育专栏中的人工智能平台。 2. 指导学生登录青少年人工智能教育平台。 3. 指导学生"玩一玩"，完成"AI识人"，体验人脸识别。	1. 学生了解平台。 2. 学生登录平台。 3. 学生玩一玩，体验AI识人（遇有问题，可看锦囊妙计：操作说明）。	让学生通过登录平台体验识别技术，提升对平台的认识，理解人脸识别原理。
编程实践	试一试：编程实践（看图识物） 1. 介绍腾讯青少年人工智能教育编程平台。	1. 学生了解编程平台。 2. 学生编程实践。	通过编程实践，让学生初步了解编程平台，掌握图像识别模

续 表

教学过程	教师活动	学生活动	设计意图
编程实践	2.指导完成图像识别编程作业。 （1）基本任务（按样例完成编程）。 （2）创编任务（修改、完善程序）。 3.展示完成程序。	3.学生观看，互相学习。	板的应用。
问题探究	1.教师引导学生思考：自动驾驶汽车，对生活的影响有哪些？有哪些优势？存在哪些不足？ 2.教师引导学生进行交流、讨论，辩证看待自动驾驶汽车。 3.总结自动驾驶汽车的优势及不足。	1.学生认真思考自动驾驶汽车的优势及不足。 2.学生交流、讨论，回答问题。 3.学生理解自动驾驶汽车的优势及不足	学生从正反两面对自动驾驶汽车进行交流、讨论，加深对自动驾驶汽车优势及不足的理解。
总结拓展	1.教师引导学生思考，在智慧交通、智慧农业、智慧工业等方便，有哪些人工智能应用场景？ 2.教师引导学生总结这节课的收获，完成教学评价，并反馈情况。	1.学生交流、讨论生活中的各类人工智能应用。 2.学生总结收获，完成教学评价。	通过交流、讨论，提升学生对人工智能应用的认识，扩展学生视野。从学生反馈的教学评价，了解这节课的教学效果。

教学流程图	情境导入—游戏互动—知识新授—识人体验—编程实践—问题探究—总结拓展

学生自评表	序号	学习内容	评价
	1	能理解自动驾驶的基本原理	☆ ☆ ☆ ☆ ☆
	2	了解机器感知的定主与自动驾驶过程	☆ ☆ ☆ ☆ ☆
	3	会使用"AI识人"实验平台	☆ ☆ ☆ ☆ ☆
	4	能编写图像识别的程序	☆ ☆ ☆ ☆ ☆
	5	理解自动驾驶技术的利与弊	☆ ☆ ☆ ☆ ☆

课堂板书	对象	感知	决策	控制
	人	眼睛、耳朵、手等	脑	脚
	车	摄像头、雷达等传感器	系统（处理、分析、决策）	轮子

（本设计为2023年10月30日紫金教育帮扶人工智能研讨课内容）

第三章　表示与推理

玩转算法庆"六一"
——人工智能递归算法

深圳市龙华区龙华中心小学　程学莲

一、教学背景分析

在当今科技信息飞速发展的时代，人工智能已经逐渐融入我们的生活中，人工智能也已进入了教育领域，成为学生学习和探索新知识的利器。开展人工智能教育，旨在培养符合智能化社会需求、具有良好计算思维和创造能力的创新型人才。为了适应社会需求，学校集体探讨"人工智能算法"启蒙课程。

二、学习者分析

本节课的教学对象为小学四年级的学生。经过前面半个学期的学习，学生对人工智能算法已经有所了解，经历了多次从思考到解决问题的过程。在此之前，学生已经初步掌握了顺序、冒泡、插入等算法，为本课的学习奠定了良好的基础。

三、学习内容分析

本课以获得"六一"儿童节小礼物为契机，让孩子们在"移果冻"和"汉诺塔"的算法游戏中，初步了解递归算法，培养学生的计算思维。

在本课学习之前，学生基本会用算法来解决问题，但并不会那么清晰地描述解决问题的步骤，递归法则可以描述一个问题的求解过程。

四、学习目标

1. 初步了解什么是递归和递归算法。

2. 学会用递归算法的思想分析问题，学会用简单模式解决复杂问题的方法，培养学生的计算思维。

3. 领悟递归思想，体验递归思想在生活实际中的应用。

五、教学重难点

1. 重点：分析缩小问题规模的方法。

2. 难点：描述"移果冻"算法游戏的步骤和理解并掌握"汉诺塔"游戏的思路。

六、教学策略

通过"移果冻"和"汉诺塔"两个有梯度的游戏，让学生理清解决问题的思路，在应用递归思想时逐渐形成一个意识——学习程序设计不仅仅是为了编程解决问题，更重要的是形成正确的解决问题的方法和态度。

把问题分解成规模更小、与原问题相同解法的小问题。

七、教学准备

平板电脑、多媒体课件、学习单等。

八、教学设计流程

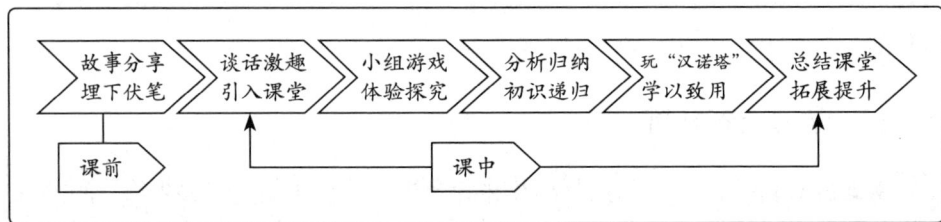

故事分享 埋下伏笔	谈话激趣 引入课堂	小组游戏 体验探究	分析归纳 初识递归	玩"汉诺塔" 学以致用	总结课堂 拓展提升

课前　　　　　　　　　　课中

九、教学过程

教学过程		
教学环节	教师活动	学生活动
课前互动	分享小故事： 从前有座山，山上有座庙，庙里有个老和尚，老和尚在讲故事，他讲的故事是：从前有座山，山上有座庙，庙里有个老和尚，老和尚在讲故事，他讲的故事是…… 小故事有什么特点？故事中包含了故事本身……	请会讲这个故事的学生讲。 思考故事的特点。
设计意图：为本节课内容埋下伏笔。		
谈话激趣引入课堂	同学们，期待已久的"六一"儿童节快要到了，程老师给大家带来了节日礼物——果冻，我们先玩一玩，成功完成挑战任务的小组，下课以后就可以顺利拿到礼物了！这节课我们一起来"玩转算法庆'六一'"！	倾听、明确目标。
设计意图：激发学生的学习兴趣，为课堂开展作铺垫。		
小组游戏体验探究	一、挑战1： 问题呈现："移果冻"游戏：想办法把两个果冻从蓝色盘子里移到黄色盘子里。 游戏规则： 1. 一次只能移动一个果冻； 2. 大果冻不能放到小果冻的上面； 3. 尽量减少移动果冻的次数； 4. 可以用白色盘子做中转。 生挑战，完成学习单"挑战1"： 汇报完成过程。 师生梳理完成过程。	明确规则，小组齐参与，小组合作，边"玩"边记录，完成学习单"挑战1"。 小组推荐同学说移动步骤，汇报完成挑战是如何做的，一共花了几步。

教学过程		
教学环节	教师活动	学生活动
小组游戏 体验探究	刚才的"挑战1"，你是如何完成的？一共花了几步？ 第1步：将两个果冻放到蓝色盘子里　第2步：将小果冻移动到白色盘子里 第3步：将大果冻移动到黄色盘子里　第4步：将小果冻移动到白色盘子里 二、挑战2： 掌握了移动两个果冻的方法后，接下来试着移动三个果冻吧！ 问题呈现：把三个果冻从蓝色盘子转移到黄色盘子里（思考：你能用更少的步骤来完成挑战吗？） 生挑战。 汇报完成过程。 师生小结完成过程。 三个果冻的移动情况？ 将三个果冻放到蓝色盘子里　　关键步骤：将中等大小和最小的果冻按照前面只有2个果冻时的操作移到白色盘子里 先暂时忽略最大的 将最大的果冻移动到黄色盘子里　　关键步骤：再次接照之前的操作，把白色盘子里的两个果冻移动到黄色盘子里	生合作，移动三个果冻，完成学习单"挑战2" 生汇报完成过程。

设计意图：通过小组合作"移果冻"游戏，让学生分析解决办法、描述操作过程，学会解决问题的方法：把问题分解成规模更小、与原问题相同解法的小问题。帮助学生理清解决问题的思路，培养学生的计算思维。

教学过程		
教学环节	教师活动	学生活动
分析归纳 初识递归	课前小故事的特点是什么？上面移动果冻的步骤方法是怎样的？ 课前小故事的特点是：故事中包含了故事本身，即自己调用自己；移动三个果冻游戏的特点是：完成这个游戏的过程调用到了完成挑战1的方法。 解决问题的过程： 1. 小结递归概念 若一个对象部分地包含它自己，或用它自己调用自己，则称这个对象是递归的；若解决一个的过程直接或间接调用自己，则称这个过程是递归的。 2. 递归算法的概念 像上面的游戏这样，将问题分解成为形式上更加简单的子问题来进行求解，递归被运用到各种各样的算法中，这些算法统称为"递归算法"。递归算法不但是一种有效的分析问题方法，也是一种有效的算法设计方法，是解决很多复杂问题的重要方法。	回顾课前的小故事特点，分析归纳移动果冻的步骤方法： 移动三个果冻时，可以先忽略最大的果冻，将中等大小和最小的果冻往白色（即中转盘）盘子移动，将中等大小和最小的果冻按照前面只有两个果冻时的操作方法移动到白色盘子里…… 了解"递归"概念和递归算法。
设计意图：通过分析归纳"移动果冻"的游戏过程，一步步梳理解决问题的方法，了解递归的概念和递归算法的概念，初步理解用递归解决问题的思路，提升学生的计算思维。		
玩"汉诺塔" 学以致用	汉诺塔问题： 规则： 1. 一次只能移动一个盘子； 2. 每个盘子只能由一个塔座移到另外一个塔座； 3. 任何时候都不能把大的盘子放在小的盘子上。 小组合作，用平板完成在线汉诺塔，看看能过几关。 思考：为了能快速过关，还有什么诀窍？	明确任务。 小组合作，体验汉诺塔游戏，进一步思考游戏技巧。

续 表

	教学过程	
教学环节	教师活动	学生活动
	展示快速完成游戏的小组成果，请他们演示操作步骤，师生共同评价。颁发"果冻"作为奖品。 师生小结思路、操作过程、答疑解惑。 **挑战3：用递归算法解决汉诺问题** 基本思路： ■ 初始化塔座A上的n个盘子，将它们从小到大编号为1到n； ■ 将塔座A上的n个盘子通过递归的方式移动到塔座C上，在移动的过程中，可借助塔座B作为辅助塔座； ■ 在每个移动步骤中，按照规则将一个盘子从一个塔座移动到另一个塔座； ■ 当所有盘子都移动到塔座C上时，问题得到解决。 4个圆盘移动过程如下： 小圆盘只能放在大圆盘上面 演示4个圆盘移动过程	说出自己操作过程中的思路技巧。 学生上台演示操作过程。
设计意图：通过玩"汉诺塔"游戏，巩固所学技能，让学生在轻松愉悦的氛围中运用递归思维来解决问题。		
总结课堂 拓展提升	一、师生谈收获、总结课堂 递归算法特点： 问题求解规模缩小，把问题转化为规模缩小了的同类问题的子问题，然后递归调用过程来表示问题的解。相邻两次重复之间有紧密的联系，前一次要为后一次做准备。	倾听，思考，发表见解，谈收获。

教学过程		
教学环节	教师活动	学生活动
总结课堂拓展提升	这节课，孩子们学习了递归算法，顺利拿到了"六一"小礼物，祝孩子们"六一"快乐！ 二、拓展 递归思想是计算机学科中的核心技术思想之一，其本质反映的是一种将复杂问题简单化的思维方法，该算法在计算机科学和数学领域有广泛的应用。 对于某些复杂问题，递归算法是一种自然且合乎逻辑的解决问题的方式，但是递归算法的执行效率通常比较差。因此，在求解某些问题时，常采用递归算法来分析问题，用非递归算法来求解问题。	了解递归算法的应用。

设计意图： 总结本节课的收获，回归本节课的主题，激发学生继续学习人工智能算法的兴趣，了解递归算法的应用，拓展学生思维。

教学评价

学习收获	自我评价	组员评价	教师评价
会玩"移果冻"游戏并说出操作过程			
了解递归和递归算法的概念			
会使用递归思路操作"汉诺塔"			
初步了解递归算法的应用			

教学反思

1. 本节课的内容虽然有一定的难度，但大部分学生掌握得较好。

2. 递归算法理解比较难，讲解时运用贴近学生年龄特点的语言，语言要精练简洁。

3. 游戏操作时学生都会，也会思考如何用最快最简便的方法来完成"游戏"，但表达的时候就难以说清楚，不能很好地把自己的想法和做法用语言表达出来，因此培养学生自我归纳、自我表达的能力仍然是今后教学的努力方向。

附:

玩转算法庆"六人"
——递归算法（学习单）

小组名：_____ 小组成员：_____

挑战1

想办法把两个果冻从蓝色盘子转移到黄色盘子里。

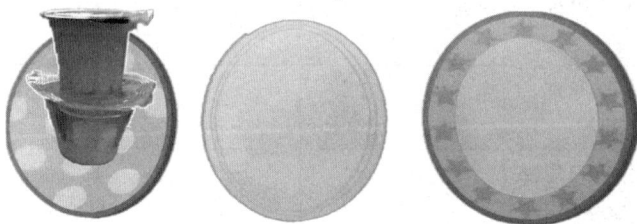

第1步：将两个果冻放到蓝色盘子里：

第2步：将_____（小/大）果冻移动到_____（白色/黄色）盘子里。

第3步：将_____（小/大）果冻移动到_____（白色/黄色）盘子里。

第4步：将_____（小/大）果冻移动到_____（白色/黄色）盘子里。

第5步：……

思考：你一共花了几步完成的？

挑战2　把三个果冻从蓝色盘子转移到黄色盘子里。（在横线上填写适当的答案，并在相应的盘子里画出适当大小的果冻）

（思考：你能用更少的步骤来完成挑战吗？）

第1步：将三果冻放到蓝色盘子里

第2步：将＿＿＿（最小/中等大小/最大）果冻移动到＿＿＿（白色/黄色）盘子里。

第3步：将＿＿＿（最小/中等大小/最大）果冻移动到＿＿＿（白色/黄色）盘子里。

第4步：将＿＿＿（最小/中等大小/最大）果冻移动到＿＿＿（白色/黄色）盘子里。

第5步：将＿＿＿（最小/中等大小/最大）果冻移动到＿＿＿（白色/黄色）盘子里。

第6步：将＿＿＿（最小/中等大小/最大）果冻移动到＿＿＿（蓝色/白色/黄色）盘子里。

第7步：将＿＿＿（最小/中等大小/最大）果冻移动到＿＿＿（蓝色/白色、黄色）盘子里。

第8步：将＿＿＿（最小/中等大小/最大）果冻移动到＿＿＿（蓝色/白色/黄色）盘子里。

第四章　机器学习

你画我猜与机器学习

深圳市龙华区鹭湖外国语小学　沈佳敏

年级	五年级下册	教学环境	计算机教室

一、教学内容分析

本节课是《AI智慧探秘》课程中的第2课时，上一课时学生了解了人工智能的发展历程，知道人工智能的三大核心要素：数据、算法、算力，体验了人工智能最常见的应用——人脸识别技术，并能列举出生活中的人工智能应用。

本节课的内容为初步认识uCode软件界面及基本功能，详细学习AI功能和涂鸦识别模式。通过体验AI自定义模型训练，学生学习什么是机器学习，了解机器学习在生活中的应用。本节课从学生最熟悉的互动小游戏"你画我猜"引入，邀请学生和AI来一场猜猜画画的游戏，在亲历AI游戏后，引导学生进入uCode平台，熟悉uCode中的AI功能和涂鸦识别功能，并使用编程设计涂鸦识别程序，让学生进一步学习编程中的复杂逻辑，锻炼编程思维。完成程序编写后，学生思考：为什么机器能够识别你画的是什么呢？由此引出"机器学习"的概念。下一环节邀请学生亲自训练一个数据模型用来判断涂鸦的表情，通过数据准备和训练过程，再类比人类学习，学生能够说出什么是机器学习。最后，联系生活，让学生了解机器学习在学习、生活中的应用。

二、学情分析

学习基础：五年级下学期的学生已经初步了解了人工智能的概念，但对AI应用接触不多，对于AI程序的运行逻辑缺乏思考；大部分学生有积木编程的基础，能理解编程的顺序执行和基础代码功能，但未体验过AI相关的程序编写。

年龄特点：五年级的学生思维活跃，对新事物、新知识具有较大探索的热情，但学生的个体差异性较大，存在知道怎么操作却不懂得如何表达的情况，容易有畏难心理，对较抽象的概念和复杂的原理难以理解。

学习偏好：对新鲜事物的感兴趣程度普遍颇高，对视频类直观生动的素材更容易接受，喜欢游戏化的课堂体验活动，部分学生有鲜明的个人特点或独立的思维风格，具有较强的主观能动性，希望有更多实践操作的任务，喜欢受到他人的关注。但本阶段学生在课堂中的自我管理能力以及合作能力还有待加强。

三、教学目标

1. 信息意识
知道机器学习的含义，能够认识到机器学习在生活中的应用。

2. 计算思维
认识到机器识别图像过程中的原理和逻辑，能够在编程中表现出来，在AI模型训练过程中理解机器学习的过程，进一步体悟机器学习与人类学习的关系。

3. 数字化学习与创新
了解uCode编程平台，能使用平台中的AI涂鸦识别功能完成"你画我猜"程序编写，掌握自定义训练AI模型的流程和方法，在实践探究中，形成利用数字化平台与手段进行实践研究和问题解决的意识。

4. 信息社会责任
在使用机器学习应用的过程中，知道人工智能技术对我们的学习、生活、工作的助力，激发学习兴趣与主动性，既认识到技术带来的好处，也要批判、理性看待技术的局限性与不足，科学合理使用人工智能技术。

四、教学重难点

重点	难点
了解uCode编程平台，能使用平台中的AI涂鸦识别功能完成"你画我猜"程序编写。	AI自定义模型训练； 类比人类学习，说出机器学习的含义。

五、课前准备

深教AI2平台、演示课件、评价表、马克笔、A4纸

六、教学过程

教学环节	教师活动	学生活动
AI激趣体验 （5 min）	同学们，你们玩过"你画我猜"吗？那你和AI玩过吗？想不想挑战一下。 1. 邀请一名学生上台体验游戏。 2. 发布AI实训任务至学生端，引导全班学生从任务中点击体验AI实训任务——涂鸦识别，并完成提交。	学生体验AI趣味涂鸦游戏。
设计意图：从学生熟悉的"你画我猜"游戏引入，学生很容易理解游戏规则，而挑战AI也更能引发学生兴趣，通过游戏体验为下一环节作铺垫。		
AI编程搭建 （15 min）	这么好玩的游戏是怎么设计出来的呢？下面我们一起到"工程狮"（uCode编程平台中的角色）的编程后台一探究竟。	1. 认识uCode编程平台，熟

	1. 介绍uCode编程界面及基本功能，包含菜单栏、编辑区、舞台区、角色区以及控制按钮。	悉基本界面和程序控制方式。
	2. 介绍AI涂鸦识别模块。	2. 学习AI拓展中"涂鸦识别"模块下的相关代码块。
AI编程搭建（15 min）		
	3. "你画我猜"程序设计 认识了平台界面，接下来我们来也来尝试做一个"你画我猜"的程序，老师给大家提供了基础程序，需要你们来补充完整。 任务一：点开"学生程序—你画我猜"并补充完整，体验程序实现的效果，并解释程序能实现的效果。	3. 完成"你画我猜"程序编写，展示并介绍个人程序。
	任务说明：教师提供给学生的程序是不完整的，需要学生	

AI编程搭建 （15 min）	进行补充，补充的有：①需要添加"打开涂鸦画板"代码块；②在"加载AI模型代码块"下拉选择"涂鸦识别"；③添加三个"识别到涂鸦"代码块，自主选择识别的涂鸦元素。 展示环节：学生分享自己设计的程序，演示程序效果。	

设计意图：承接上一环节，学生从游戏体验者到游戏设计者，身份的转换很容易激起学生的挑战欲，编程中使用的uCode是在Scratch3.0基础上开发的简易编程工具，学生对界面和基础操作都能很快上手，极大地降低了编程难度。学生在课堂探讨中能明白涂鸦识别的程序逻辑，同时又设置了开放性的程序结果，鼓励学生根据个人需求进行设计编程，发挥主观能动性，最后通过程序展示进行全班交流，取长补短。

AI意理探究 （12 min）	1. 涂鸦识别与机器学习 想一想：为什么机器能够识别你画的是什么呢？请大家带着问题观看视频。 机器识别图像或涂鸦，需要从大量的历史数据中，通过学习和训练挖掘出规律，并用于预测或分类。我们把这种过程叫作机器学习。 2. AI自定义模型训练 除了涂鸦识别，还有其他机器学习的应用吗？接下来我们来体验一种不一样的机器学习应用。 你们是怎么判断左边的表情是开心还是难过呢？说说你的判断方法吧！ 人类学习中，必不可少的是经验。同样道理，机器学习中，数据非常重要。我们先来准备"数据"吧！在白纸上完成两种表情的绘制，每种表情可以画2到3个哦~ 完成数据准备后，教师演示数据采集过程： 	1. 学生观看视频，思考涂鸦识别与机器学习的联系。 2. 学生自主准备数据，完成AI模型训练，测试效果；遇到问题与同伴讨论或及时寻求老师帮助。

AI意理探究 （12 min）	 （1）找到AI-AI自定义训练-训练模型，选择图像分类； （2）数据采集：建立标签"开心"/"难过"，通过摄像头拍照的方法添加对应的数据样本； （3）模型训练：添加图像样本后，点击"开始训练"； （4）表情识别：训练完成后，可以将你绘制的表情放到摄像头前，测试一下，机器能不能成功识别你选择的表情呢？ 3.什么是机器学习 完成模型训练的体验之后，我们来总结一下，什么是机器学习？ 就像我们在判断表情是开心还是难过时，从过去的经验中学会了观察判断眼睛、嘴巴弯曲的方向，计算机也会从数据中学到如何更好地判断、完成任务，解决问题，甚至预测未来的事情。总的来说，机器学习就是教计算机从数据中学东西，让它变得聪明并能够帮助我们做各种事情。	3.学生能够类比人类学习，说出机器学习的含义。

设计意图：本环节中学生能够结合视频讲解理解了涂鸦识别程序背后的机器学习原理，亲历数据准备和AI模型训练过程，再类比人类学习，学生能够说出什么是机器学习。同时，在制作过程中可能会遇到很多问题，培养同学们在遇到困难时主动寻求帮助的好习惯。

AI应用 延伸 （5 min）	1.机器学习在学习、生活、社会中的应用。 2.课后思考：机器学习给我们带来的只有好处吗？有没有威胁和隐患呢？请你上网搜索并记录下来。	1.学生联系生活实际进行阐述。 2.思考问题，课后查找资料。

设计意图：回归现实情境，学生了解机器学习在生活的应用，同时给学生留下思考，引导学生辩证看待新科技新技术，学会合理的应用，强化信息社会责任。

评价与总结 （3 min）	1.结合板贴，梳理本节课的学习内容。 2.学生完成综合评价表并提交。	回顾本节所学，回忆自

续 表

评价与总结 （3 min）	一．自评表 **使用说明**：请根据自评内容描述的符合程度，进行自我评价，😔=完全不符合，😐=基本符合，🙂=完全符合。请在符合自己的情况下面打"√"。				已与同伴的合作是否顺利，盘点收获与不足。

序号	自评内容	评价表		
		🙂	😐	😔
1	我熟悉 uCode 软件界面及使用方法。			
2	我熟悉 uCodeAI 的功能和 AI涂鸦识别。			
3	我掌握了涂鸦识别的编程方法。			
4	我熟悉"你画我猜"涂鸦识别游戏的规则。			
5	我能和同伴友好合作共同完成游戏任务。			

设计意图：回顾总结所学，巩固强化。综合评价表帮助师生了解本节实施情况，为进一步改进作依据。

七、板书设计

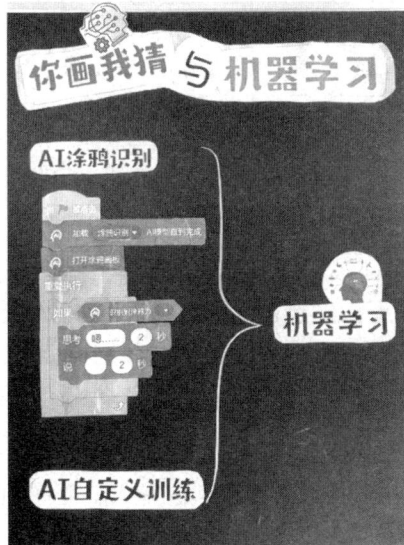

（本设计为2024年5月20日教研学习共同体公开课内容）

智慧交通保通畅

深圳市龙华区鹭湖外国语小学　古兴东

年级	六年级上册	教学环境	计算机教室

一、教学内容分析

本课是龙华区小学人工智能教育课程六年级上册"数据驱动AI出行"模块的第4课内容，在前面一课的学习中，学生了解了智能导航应用。本课教学内容为"智慧交通保通畅"，设置四个任务，分"想一想""学一学""看一看""练一练""玩一玩""说一说"六个环节。

在【想一想】回顾旧知，问题导入环节，先回顾了第3课《智能导航巧规划》的内容，加深对机器学习中数据集的认识，然后引导学生"想一想"，有什么智能方法可以解决拥堵问题，从而进入本节课学习主题——智慧交通保通畅。在【学一学】学习新知，交流讨论环节，完成任务一，了解什么是智慧交通。主要通过观看视频了解什么是智慧交通，学生明白智慧交通所应用的机器学习技术，并进行交流讨论，提升认识。在【看一看】案例分享，了解应用环节，完成任务二，理解机器学习在智慧交通中应用。以杭州亚运会智慧交通应用为案例，介绍智慧交通中机器学习的应用。在【练一练】编写程序，实践应用环节，完成任务三，编写智能识别程序。通过编写一个智能识别车辆、人的程序，增加学生对智慧交通的理解。在【玩一玩】拓展延伸，游戏体验环节，完成任务四，通过手势识别体验机器学习。引导学生玩"HelloAI"游戏，与机器进行猜拳，体验机器学习中数据集的作用，并将迭代后的数据模型应用于适合的场景。在【说一说】小结收获，教学评价环节，鼓励学生小结本节课的收获，并填写教学评价表。

二、学情分析

本课的学习对象是六年级的学生，已经具备一定的人工智能知识和编程能力，也对智能导航等智慧交通的一些应用有初步的认识。但缺乏对智慧交通整体的认识，也对智慧交通中机器学习应用的理解不足。因此，本课中通过"想一想""学一学""看一看""练一练""玩一玩""说一说"六个环节，引导学生逐步提升对智慧交通的认识，了解机器学习在智慧交通中的应用，体验机器学习中数据集的作用，并将迭代后的数据模型应用于合适的场景。

三、教学目标

1. 了解智慧交通概念，以及智慧交通的具体应用，例如，车辆运行智能调度，智能交通拥堵及安全预警，交通时间预报等。

2. 理解在智能交通领域，机器学习中数据集的应用。

3. 通过程序设计，增强对智慧交通的理解。

4. 通过游戏体验机器学习中数据集的作用，并将迭代后的数据模型应用于智能识别的场景。

四、教学重难点

重点	难点
通过学习、交流、程序设计及游戏体验，理解机器学习在智慧交通中的应用。	体验机器学习中数据集的作用，将迭代后的数据模型应用于合适的场景。

五、课前准备

电脑摄像头、演示课件、微课视频、导学单、腾讯青少年人工智能教育平台

六、教学过程

教学环节	教师活动	学生活动
【想一想】回顾旧知问题导入（5 min）	1. 引导同学回忆上节课内容。 2. 展示导航显示全面交通拥堵图。通过问题，引导学生思考：导航几条路都堵了，离目的地越近堵得越厉害？无法用智能导航躲避拥堵，怎么办？如何利用AI解决问题？ 提示：（1）日常，智慧交通平台及时发布最新的交通信息，并预报未来交通情况。（2）出发前，人们可以根据智慧交通反馈信息情况，更换为地铁等交通方式，或者更改行程等。（3）路途中，通过多媒介多终端介绍当前交通情况，预报地铁或公交抵达时间等。（4）抵达时，指引目的地停车场位置，如果停车场已满，智能推荐附近有空位的停车场等。…… 3. 导入主题：解决交通问题，有很多方法，利用人工智能机器学习就可以实现智慧交通，板书《智慧交通保通畅》。	1. 学生回忆上节课《智能导航巧规划》内容，谈智能导航应用。 2. 学生观看交通拥堵图，发挥想象力，思考智能解决办法。 3. 学生初步理解本课学习的主要内容。

设计意图：先回忆上节课的智能导航内容，加深对数据集的理解，然后展示交通全面拥堵图，此时利用智能导航无法解决问题，引导学生发挥想象力，"想一想"利用人工智能如何解决办法？从而导入主题《智慧交通保通畅》。

教学环节	教师活动	学生活动
【学一学】 学习新知 交流讨论 （5 min）	任务一：了解什么是智慧交通 1.播放视频，让学生了解什么是智慧交通。 2.引导学生思考，为什么可以实现智慧交通呢？请学生交流讨论。 3.播放智慧交通——城市交通的"智慧大脑"的介绍视频，让学生初步理解智慧交通技术应用。 4.引导学生完成"导学单"第1题，判断题。分析对错，对应打"√"或"×"，并与同学讨论原因。 （1）智慧交通中，只需要采集、处理少量的数据就可以实现？（　　） （2）位置信息、交通流量、速度等数据都是智慧交通需要的吗？（　　）	1.观看视频，了解什么是智慧交通。 2.学生思考并讨论，发表个人观点。 3.观看视频，了解机器学习在交通中的应用。 4.学生完成"导学单"第1题，判断题，并与同学交流，说说为什么。

设计意图：本环节主要是"学一学"，完成任务一：了解什么是智慧交通。首先观看视频，了解什么是智慧交通，并思考原因。接着进一步通过视频学习，了解智慧交通中的技术应用。最后通过完成导学单第1题，判断题的形式，进一步巩固对智慧交通中数据应用的认识。

教学环节	教师活动	学生活动
【看一看】 案例分享 了解应用 （8 min）	任务二：理解机器学习在智慧交通中应用 1. 展示杭州亚运智慧交通案例，引导学生思考原因。 高度信息化、智能化的亚运交通指挥调度平台是实现百万人流、万车上路、秒级调度的"最强大脑"。通过大数据系统，亚运交通指挥调度平台实现了一屏统揽、流线清晰、实时监测，实现车辆高效调度、应急快速响应，使得赛事车辆运行保障发车、路途、到达环环相扣，确保交通供需精准匹配，运力高效运转。 2. 引导学生讨论智慧交通的作用。 机器学习技术在交通领域的应用日益增多。通过利用大量的交通监控数据，机器学习模型可以准确地预测区域交通情况，规划路线，拥堵预警，交通时长预报，并根据不断更新的数据，及时迭代机器学习模型，从而优化路线，减少拥堵和延误，推荐交通顺畅区域，提高交通畅通度并减少交通成本，降低排放。 3. 引导学生完成"导学单"第2题，排序题，并说说原因。 （1）＿＿＿ →（2）＿＿＿ →（3）＿＿＿ ①对海量数据进行深度学习和模型训练　②采集、处理各类交通监控数据　③分析、优化路线，提高效率，减少拥堵 4. 小结智慧交通中机器学习的应用过程。	1. 学生了解智慧交通应用案例，交流讨论，思考原因，提升认识。 2. 学生谈自己的认识，进一步了解智慧交通的作用。 3. 学生填写"导学单"第2题，排序题，并说说为什么。 4. 学生加深对机器学习在智慧交通中应用的理解。

设计意图：本环节为"看一看"，完成任务二：理解机器学习在智慧交通中应用。通过介绍杭州亚运智慧交通的应用案例，引导学生思考并分析原因。随后介绍智慧交通的作用，并引导完成导学单中的排序题，提升认识。通过小结并板书智慧交通过程，提升学生对智慧交通的理解。

教学环节	教师活动	学生活动
【练一练】 编写程序 实践应用 （10 min）	任务三：编写智能识别程序 1. 请学生体验编写好的智能识别车辆和人的程序。识别到车辆或人时，将对应增加车辆或人，并发送提醒信息。	1. 学生体验智能识别程序，随着识别次数的增加，车或

	（体验一：通过"本地上传"电脑中的图片进行识别；体验二：通过摄像头，进行"拍照"识别。）	人持续增多，感受车流及人流的不断增大。
【练一练】编写程序实践应用（10 min）	2. 引导学生分析范例程序，说说所用到的背景、角色，以及操作方法。　背景–现代城市　　小智1　　粉色小车–侧视图	2. 学生分析范例程序，说出所用到的背景、角色，并示范操作方法。
	3. 引导学生分析"背景"脚本，介绍积木块作用，以及操作方法。	3. 学生分析"背景"脚本，认认积木块，并说说作用，并示范操作方法。

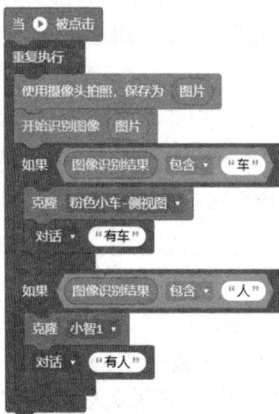

	4.引导学生分析角色脚本，介绍积木块作用，以及操作方法。 当 ▶ 被点击 隐藏 当 作为克隆体 启动时 移到 x 在 -270 到 260 间随机选一个整数 y 在 150 到 180 间随机选一个整数 显示		4.学生分析角色（车辆及人）脚本，认认积木块，并说说作用，并示范操作方法。
【练一练】 编写程序 实践应用 （10 min）	5.请学生完成"导学单"第3题，选择题，并说说原因。 开始识别图像 图片 积木块起什么作用呢？ A. 使用相机拍照：这段代码启动相机拍摄一张照片并保存下来。 B. 识别图像：这段代码启动图像识别过程，分析拍摄的照片。 C.输出结果：这段代码输出图像识别过程的结果。 6. 说明程序的任务要求，引导学生编写程序。 （1）基本任务：编写一个智能识别车和人，并模拟显示车流和人流情况的智慧交通程序。（注：可参考范例） （2）创新任务：在参考范例程序的基础上进行适当创新设计。 例如：添加提醒声音；对车辆及人数进行统计；当车流及人流达到一定程度时自动预警；更换或添加背景、角色等。 7. 教师巡回指导。 8. 展示学生编写的程序，请学生介绍主要功能，提升对编程的认识，增强对智能交通应用的理解。		5.学生分析完成"导学单"第3题，选择题，并说说为什么。 6.学生理解编程任务要求。 7.学生编写程序。 8.学生展示自己编写的程序，并说明主要功能。

设计意图：本环节为"练一练"，完成任务三：编写智能识别程序。引导学生首先体验程序，激发兴趣。接着对范例程序进行分析，尝试进行操作，并巩固练习，完成导学单"选择题"，增加对程序的理解。然后引导学生编写程序，其中基本编程任务是参考范例程序，完成能智能识别的程序设计，创新任务主要是鼓励学生进行创意设计。最后引导学生展示作品，交流分享，体验成功的喜悦。

教学环节	教师活动	学生活动
【玩一玩】 拓展延伸 游戏体验 （8 min）	任务四：通过手势识别体验机器学习 1. 拓展延伸，介绍机器学习应用于交通之外的其他应用案例，例如物流、医疗等。	1. 了解机器学习应用于不同场景的案例。

续 表

		续 表
【玩一玩】 拓展延伸 游戏体验 （8 min）	2. 介绍腾讯青少年人工智能教育平台训练馆"HelloAI"。 示范跟机器猜拳。	2. 学生玩"HelloAI"程序，体验通过图像识别，进行数据采集、学习、验证过程。

设计意图： 本环节为"玩一玩"，完成任务四：通过手势识别体验机器学习。介绍机器学习在物流、医疗等不同场景中应用，增强学生的了解。并通过玩"HelloAI"猜拳游戏，让学生体验机器学习中数据集的作用，并将迭代后的数据模型应用于智能识别手势的场景。

教学环节	教师活动	学生活动
【说一说】 小结收获 教学评价 （4 min）	1. 请学生小结这节课的收获，并说一说。 2. 发布教学评价表，引导学生进行自我评价、组员评价，老师也对学生进行评价，并收集教学评价表。 （注：可以利用问卷星进行线上教学评价，或者填写任务单）	1. 学生说一说这节课的收获。 2. 学生填写教学评价表，进行自我评价、组员评价。

设计意图： 本环节为"说一说"，引导学生思考这节课的收获，小结机器在智慧交通中的应用，并对照教学评价表内容，进行学生自我评价、组员评价、教师评价。根据教学评价表反馈信息，了解学生在这节课中的表现，进行教学反思。

七、教学评价

序号	学习收获	自我评价	组员评价	教师评价
1	了解智慧交通的概念及具体应用			
2	理解机器学习在智慧交通中的应用情况			
3	会编程识别车辆程序			
4	能通过玩"HelloAI"猜拳游戏，体验机器学习中数据集的作用			

八、教学实施参考

5 min	5 min	8 min	10 min	8 min	4 min
【想一想】	【学一学】	【看一看】	【练一练】	【玩一玩】	【说一说】
回顾旧知 问题导入	学习新知 交流讨论	案例分享 了解应用	编写程序 实践应用	拓展延伸 游戏体验	小结收获 教学评价

续 表

九、板书设计

智慧交通保通畅

采集、处理各类交通监控数据

↓

通过对海量数据进行深度学习和模型训练

↓

分析、优化路线，提高效率，减少拥堵

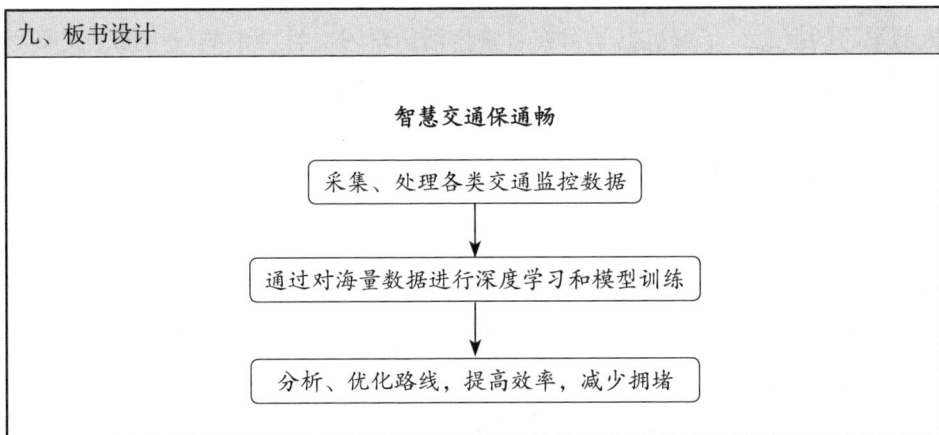

（本设计为龙华区小学人工智能教学设计）

走进机器学习

深圳市龙华区文峰小学　林依琳

一、教材分析

本课主要学习了解人类学习的方式，类比人类学习，说明什么是机器学习，举例说出机器学习对学习、生活、社会的影响。通过本课的学习，学生开始深入了解人工智能的实现方法，为后续机器学习的原理和相关人工智能技术的深入学习作铺垫。结合深圳教育云人工智能学习平台2中的uCode创作工具，利用AI功能的自定义AI训练让学生了解机器学习的简单原理。

二、学情分析

五年级的学生掌握了一定的计算机操作，前面几节课也有使用源码编辑器进行图形化编程的经验，有初步掌握解决问题的能力。为了充分调动学生学习的积极性、创造性，本课以游戏"物品猜一猜"作为课堂导入，引出人类学习的方式，然后通过类比、平台编程体验和AI自定义训练功能，引导学生掌握机器学习的概念，了解机器学习在日常生活、学习、社会中的应用价值及其影响，培养学生的探究能力和人工智能意识与社会责任。

三、教学目标与核心素养

本节课主要包括游戏导入、观察类比、编程体验、AI自定义训练、归纳总结五个教学环节，本节目标为以下三点。

1. 通过"物品猜一猜"游戏总结归纳出人类学习的方式，在类比中理解并掌握机器学习的定义；

2. 学生了解uCode编程界面，熟悉uCode中的AI功能和AI自定义训练功能；

3. 类比人类学习，知道什么是机器学习，了解机器学习对学习、生活、社会的影响。

四、教学重难点

1. 重点：通过类比人类学习方式，理解并掌握机器学习的概念。

2. 难点：学生学习AI自定义训练功能。

五、教学准备

登录深圳市青少年人工智能教学平台、打开课件等。

六、教学过程

教学过程	教师活动	学生活动	设计意图
游戏导入【5 min】	1. 提问：机器会学习吗？ 2. 组织学生进行"物品猜一猜"游戏 （1）在游戏中，老师邀请一位学生上台面向同学，然后在PPT中展示物品； （2）教师选取几位台下的学生描述物品的特征，台上同学说出物品名称。 3. 提问：如何认识这些物品的呢？ 4. 教师总结归纳学生答案。	1. 学生思考并回答教师问题。 2. 学生进行猜物品游戏。 3. 学生认真听讲。	通过问题导入引出本节课的主题——"机器学习"；紧密联系学生的日常生活，通过猜物品游戏吸引学生学习兴趣，使学生初步感知人类的学习方式。

续　表

教学过程	教师活动	学生活动	设计意图
观察类比 【7 min】	1. 介绍人类学习的方式 （1）展示人类"观察""提问""实践""实验"等学习行为图片，并让学生回答； （2）总结讲解人类学习的定义，抛出"机器是如何学习的？"。 2. 讲解机器学习的定义 （1）播放"机器学习"视频； （2）类比人类学习的方式，讲解机器是如何学习的； （3）总结讲解机器学习的定义。	1. 学生观看PPT上的图片并回答问题。 2. 学生观看视频并认真听讲。	通过图片和视频让学生更好地理解人类学习的过程；通过类比人类学习的方式让学生更易于理解机器学习的定义。
编程体验 【10 min】	1. 教师引导学生打开发布的任务，完成一个完整的涂鸦识别程序。 2. 学生实操体验。 3. 问题引导学生思考模块的样本决定识别的准确度，不符合样本特征的无法识别。	1. 学生听讲，打开平台并对程序进行补充完善。 2. 可能会存在疑惑，出现无法识别或者识别不准确的问题。	此环节学生体验会发现机器学习并没有想象中的"智能"，教师引导学生分析所绘制的图形不符合机器所认识的样本特征，所以无法识别。 通过实操体验机器学习的乐趣，激发学生学习的欲望，并在体验中感受机器学习的模型的重要性，顺势引出下面的训练模型学习。
AI自定义训练 【13 min】	1. 打开AI功能的自定义训练模型。 2. 以"开心"和"不开心"为例，教师演示通过录入、训练、导出三步完成模型的训练。 3. 除此之外，我们是否还可以教机器认识什么呢？能不能教机器认识文明与不文明的行为？	学生认真听讲并学习如何录入、训练、导出。	学生第一次接触训练模型，教师讲授演示帮助学生理解。 在录入样本前引导学生更改样本名称，也就是数据的标签，此处涉及监督学习的内容，这

续 表

教学过程	教师活动	学生活动	设计意图
AI自定义训练【13 min】	师：机器就像一张白纸，只要我们给的样本（数据）越多，它认识的就越精准。		也为后续学习数据集作铺垫。
归纳总结【5 min】	1. 播放"机器学习的应用场景"视频向学生们介绍机器学习的应用场景。 2. 回顾本节课所讲的内容 （1）人类学习和机器学习； （2）uColde AI涂鸦识别和自定义训练AI模型； （3）应用场景。 3. 组织学生进行自我评价。	1. 学生观看视频。 2. 学生在教师的引导下回顾机器学习的内容。 3. 学生进行自我评价。	通过观看机器学习的应用视频，加深学生对于机器学习的理解，了解机器学习的应用及其影响。 通过带领学生回顾课堂，巩固新知。
板书设计	走进机器学习 人类学习　　　　　　　　机器学习 观察特征　←经验→　🧠　　输入样本　训练模型→		

（本设计为2023年11月9日工作室研讨公开课内容）

第五章　人机交互

体感控球

——源码编辑器AR程序设计

深圳市龙华区鹭湖外国语小学　古兴东

一、教材分析

小学信息技术第三册（B版）上是有关源码编辑器的内容。学生经过上学期的学习，已经对编程知识有了一定的了解、掌握，本节课基于学生居家学习的情况，探索使用在线源码编辑器，尝试编写有趣的《体感控球》AR程序。为下一步学习电脑编程打下坚实基础。

二、学情分析

五年级的学生活泼好动，好奇心强，对电脑编程，特别是此次学习AR体感控球编程兴趣浓厚。但因新冠疫情，学生在家里学习电脑编程，受电脑、摄像头等硬件及网络情况等影响。

三、教学目标

（一）知识与技能

1. 会使用在线编程源码编辑器编程。

2. 能添加AR模块，并理解积木的使用方法。

3. 能使用AR模块积木，进行编程应用。

（二）过程与方法

1.通过导学单，促进学生自主学习，掌握编程方法。

2.引导学生通过展示交流、经历发现问题、分析问题、解决问题的过程。

（三）情感态度与价值感

1.让学生通过视频展示完成的程序，增加学生成功体验感。

2.通过AR体感编程，激发学生对电脑编程的兴趣。

四、教学重难点

1.重点：会使用在线源码编程器，添加AR模块，编写能体感控球程序。

2.难点：引导学生使用AR模块进行创意编程设计。

五、方式方法

本课根据当时居家上课情况，探索翻转课堂，课前发布"体感控球"电脑编程导学单到班级群，引导学生自主学习，并在作业小管家发布作业，让学生探索编程并上传介绍视频。课中，首先展示学生的提交的作业，检验自主学习情况，通过讨论交流，发现亮点，解决存在的问题，并重点介绍本课使用的AR模块积木的使用。然后展示一些创意AR程序，鼓励学生进一步完善程序，创意编写"体感控球"程序，在这个过程中监控学生的画面。随后进行展示创意编程作品。最后小结，鼓励学生学以致用，在当时情况下，尝试使用自己编写的体感程序，与家人进行互动，体验，增强成功获得感，增强对电脑编程的兴趣。

六、教学流程

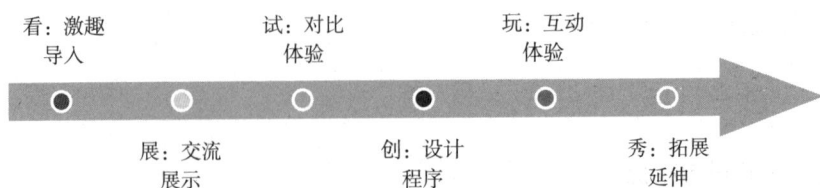

看：激趣　　　　试：对比　　　　玩：互动
导入　　　　　　体验　　　　　　体验

展：交流　　　　创：设计　　　　秀：拓展
展示　　　　　　程序　　　　　　延伸

七、教学环节

本课根据学生居家学习的特殊情况，探索学习前置，尝试翻转课堂。

（一）课前

1. 制作"体感控球"电脑编程导学单，发布到班级群，引导学生自主学习。

2. 在班级小管家发布作业，学生提交程序文件和视频（录制介绍程序及运行体验的视频）。

3. 检查并评价学生作业，鼓励、指导学生完成电脑编程。

（二）课中

请同学们打开已经编写好的程序，课前检查，表扬，记名字。

教学环节	教学活动	设计意图
看：激趣导入（3 min）	同学们，大家在家学习，家务实践，也需要适当运动哟。老师注意到很多人，居家使用具有AR互动功能的体感软件进行锻炼。 1. 展示体感运动图片、视频：吸引学生的兴趣 （展示图片）老师注意到还有一家人一起互动进行体感控球锻炼的视频。（弹力球视频、垫球、切西瓜。） 体感控球，好玩吧。玩过体感游戏吗？玩过的同学在留言区回复1。看来很多同学玩过。 觉得好玩的回复2。看来同学们玩得很好。 2. 导入主题 想不想自己编一个体感控球的程序，实现自己编，自己玩，想怎么好玩，就怎么编呢？好，这节课老师就带领大家利用源码编辑器学习、了解、编写能《体感控球》的AR程序。 3. 分析设计 大家仔细观察这个弹力球体感游戏。球降落我们可以用物理引擎，加一些遇到边缘就反弹，改变X与Y的值等实现。关键要解决能识别人的动作方向，并根据人的动作方向，球做出对应运动。接下来我们一起探索解决问题。	欣赏导入，激发兴趣。
展：交流展示（6 min）	课前老师布置了体感控球电脑编程导学单，请大家设计程序，录制介绍视频提交到"班级小管家"。现在老师展示一些同学作品，请大家看看，程序。 （老师挑选几个有代表性同学的作品。完成好的，有创新的，体验方式不同的：如手指、头、对比。存在统一性问题，或个别问题提出改进建议的） 1. 展示学生提交的有代表性展示视频。 2. 其他同学评论。谈优点，提出改进建议。	展示提升，引导交流，问题驱动，解决问题。

教学环节	教学活动	设计意图
展：交流 展示 （6 min）	3. 展示程序（截图）。请同学介绍程序，引导思考为什么能体感控球。 4. 讨论：靠什么识别人的动作呢？引导分析积木的功能。现场展示。 如果没有摄像头或没有启用摄像头，你猜行吗？试试看。 如果改变视频透明度，有用吗？0%、50%、100%有什么区别。试试看。 动作方向，如果改数字有区别吗？一周多少度？水平呢？ 动作强度，有作用吗？ 5. 打开学生作品或邀请学生打开。讲解分析。	
试：对比 体验 （3 min）	小结：AR模块知识。体感成功的关键。使用了AR模块积木需要有摄像头，开启，运行时请允许打开。现场展示。 📷 开启 ⌄ 摄像头 1. 展示开启或关闭摄像头。运行程序时需要开启摄像头，以便识别动作的方向及强度。 📷 设置 视频透明度 50 % 2. 设置不同视频透明度，进行对比。值在0~100%之间。如果设为0，将会直接显示摄像头拍摄的内容。如果设为100%，将只显示程序场景中的内容。 📷 自己 ⌄ 位置的 动作强度 ⌄ ✓动作强度 动作方向 3. 展示程序，"球"降落时，识别到摄像头前"人"的动作方向朝上时，就会将"球"升高，实现AR体感互动。 增加方向判断，实现控制球的上升或下降（可以关闭物理引擎，效果更明显）。 问题如果识别朝下的动作，或向左、向右的动作？	对比实践，突破重点。

教学环节	教学活动	设计意图
创：设计程序（8 min）	相信大家对AR积木有了一定的认识。现在打开源码编辑器，试试编写一个能体感控球的程序吧。 1. 能手修炼：（不能玩——可以玩） 使用AR模块积木，编写一个能体感控球的程序。参照电脑编程导学单。 2. 高手升级：（可以玩——好玩） 编写一个更好玩的体感控球程序。 （1）增素材：添加背景；增加角色，如金币等。 （2）添积木：加变量，加计时，允许倾倒等。 （3）改程序：修改参数范围，X与Y改变，删除一些积木等。 3. 鼓励学生进一步完善程序，编写"体感控球"程序，限时5min，在这个过程中，学生遇到问题可以举手，老师远程指导。抽查部分学生画面。（作品好的，优秀学生）	不断完善程序，经历发现问题、分析问题、解决问题。
玩：互动体验（5 min）	1. 鼓励学生分享作品，互动交流体验，玩中学。 （1）请完善程序的同学展示。规则：边展示边介绍，说明主要功能，现在改进的地方，如刚才是不能体感的，发现问题，现在可以实现。或者刚可以体感，增加了什么，完善程序，更好玩了。 （2）请同学评价作品。 2. 给予鼓励。	互动交流，体验成功。
秀：拓展延伸（2 min）	今天的《体感控球》AR程序设计体验之旅到此结束。请大家谈谈这节课的收获。你觉得下课后，你可以自己编吗？需要用到哪些积木？有什么功能？ 1. 小结： 体感控球程序 AR积木模块，开启摄像头，设置透明度，动作方向和强度。 2. 作业： 希望学生们将已经编好的体感控球程序，可与家人进行互动，体验。同学们也即将返校，希望大家有空可以继续完善程序，下次线下电脑中，大家互相交流，体验，看谁的体感更强。 分层完善设计。	总结提升，学以致用。

（本设计为2022年4月7日深圳市名师展示公开课内容）

会识字的电脑

深圳市龙华区文峰小学　林依琳

年级	四年级下册	教学环境	计算机教室

一、教学内容分析

本课为人工智能课程四年级下册第2课时，本课程旨在通过文字识别技术的学习，拓展学生对人工智能技术应用的理解，培养实际操作和编程能力，引导学生在信息化时代更好地运用技术解决实际问题。作为单元中的关键环节，文字识别技术作为一种智能化应用，有助于学生更深刻地理解"识文断字惠生活"这一单元主题，为后续相关主题的学习提供基础和支持。

在这节课中，学生将体验文字识别软件，了解文字识别的定义；理解电脑识别文字的原理，并能大致描述电脑识别文字的过程；使用文字识别的编程积木块进行拼搭，实现文字识别程序；讨论文字识别技术在日常生活的应用与价值，树立正确的人工智能技术价值观。

二、学情分析

本课的教学对象为四年级学生。在这个年龄段，学生的注意力时长相对较短，但相比于低年级学生对新奇事物和技术可能有浓厚兴趣；喜欢进行实际动手操作，对互动性强的学习方式更感兴趣；同时在学科认知水平方面，学生在语文、数学等学科上已经开始接触较为系统的知识，具备了一定的认知能力和语言表达能力。另外，在四年级上册中学生已经在人工智能课程中学习了一些人工智能技术以及编程积木的使用，对计算机和数字技术有一定的认知基础，也初步具备运用图形化编程工具自主编写及检验程序的能力。

因此，在本课时教学过程中需要从学生的知识基础出发，充分利用学生的兴趣点，通过简单易懂的语言和生动形象的实例来引导学生掌握文字识别相关理论的学习和可视化编程的实现。可以利用AI实验平台让同学们进行AI文字识别体验，体验之后让学生学习文字识别原理和流程，接着进行文字识别简单图形化编程实现，最后探究思考文字识别的应用场景，讨论文字识别能给我们的社会、工作、生活带来哪些便利。

三、教学目标

1. 技术应用：学生能够熟练体验文字识别软件，了解文字识别的定义，初步了解电脑识别文字的原理，并能描述其过程。

2. 信息素养：学生能够通过使用文字识别的编程积木块进行拼搭，实现基础的文字识别程序，提高信息的获取和处理能力。

3. 创新与实践：学生能够将所学知识应用到实际中，理解文字识别技术在实际生活中的应用和价值，通过创造性地使用文字识别编程积木块，实现个性化的文字识别程序。

四、教学重难点

重点	难点
1. 文字识别的原理与过程。	1. 文字识别技术的抽象过程理解。
2. 文字识别积木块的拼接。	2. 文字识别编程程序的实现。
3. 文字识别应用与价值讨论。	3. 技术应用与价值观培养。

五、课前准备（课前准备包括教师及学生准备、平台及教学环境准备等。）

演示课件、学习任务单、龙华区人工智能教学平台（lh. learn. qq. com）、多媒体教室、纸笔

六、教学过程

教学环节	教师活动	学生活动
情境创设 引出主题 （4 min）	听一听 播放音乐《生僻字》。 聊一聊 1. 在日常生活中，我们经常会遇到一些不认识的汉字。作为中华民族智慧的结晶，汉字有九万多个字符，其中许多生僻字对于我们来说是陌生的。 课件出示生僻字（玊）。 如果不会，你会怎么做呢? 2. 老师今天给同学们带来了一位能帮助我们识别生字的小助手——会识字的电脑。 3. 学生上台体验。	听一听，思考回答问题。 学生上台体验

设计意图：通过一首歌导入，从而引出不认识的生僻字应该怎么办，引导学生思考并使用电脑帮助我们识别生字这一主题。

| 动手体验
激发兴趣
（6 min） | 1. 介绍人工智能实验平台AI识字。
2. 请同学们打开老师发布的任务，来体验用电脑AI来识别学习任务单里印刷体和手写体内容。
 | 使用人工智能实验平台体验AI识字过程，准备学习新知识。 |

设计意图：在体验部分借用了AI实验平台，在人工智能实验平台的支持下，学生自主体验文字识别程序的运行，激发学生对于文字识别技术及其相关知识的兴趣，更好地开启下一环节"文字识别技术的原理和流程"的学习。

教学环节	教师活动	学生活动
技术概括理论学习（6 min）	学一学（技术概括理论学习） ①文字识别流程。 问：你是如何识别的？ 学生描述识别的过程，并试着说出流程。 开始——>影像摄入——>倾斜校正——>文字特征提取——>对比识别——>结束 完成学习任务单里的任务二。 ②文字识别定义。 问：为什么能识别文字呢？ 播放视频。	文字识别技术的原理与流程新知学习。

设计意图：这个板块是理论知识学习，学生通过体验AI平台，能尝试简明的讲解文字识别的流程，并通过视频了解电脑识别文字的基本原理。

教学环节	教师活动	学生活动
任务驱动程序编写（18 min）	做一做 在腾讯扣叮实验平台，带领学生一起编写《会识字的电脑》。 1. 分析舞台 2. 角色脚本 分析角色脚本，回顾之前内容并找出不认识的积木。 3. 指令讲解 文字识别积木块指令的功能介绍。	1. 理解腾讯扣叮平台中文字识别模块中积木块的对应功能。 2. 根据老师讲解和任务题干完成逻辑编程和检测。 3. 展示作品。

续 表

| 任务驱动
程序编写
（18 min） |

4. 参考编程
"显示屏"编程（完整代码如下）

5. 展示学生作品 | |

设计意图： 在人工智能实验平台的支持下，学生自主体验文字识别程序的编程实现，让同学们在实践操作的过程中提高编程能力。通过文字识别程序的制作，从中获得成就感，提升对人工智能的兴趣。

教学环节	教师活动	学生活动
思考创新 总结评价 （6 min）	想一想 1. 讨论 围绕文字识别技术在日常生活中的应用展开讨论，思考文字识别技术对社会和个人的价值。 ① 讨论技术对自己的帮助。 ② 观看视频，了解更多文字识别技术的价值。	1. 积极参与讨论，观看视频。

思考创新总结评价（6 min）	③ 技术的利与弊。 2. 收获评价 学生谈本节课收获，并组织学生完成自我学习评价问卷星调查。	2. 谈谈本节课的收获。 3. 完成自我评价。

设计意图： 引导学生思考文字识别技术对社会和个人的应用和价值，帮助学生树立正确的人工智能情感态度价值观，知道人工智能技术的价值和应用场景，正确地将人工智能技术运用于实际生活，提高人工智能素养。通过问卷星调查，能够了解知识学习情况。

七、板书设计

会识字的电脑

文字识别：

开始——>影像摄入——>倾斜校正——>文字特征提取——>对比识别——>结束

（本设计为2024年6月6日龙华区民办学校人工智能专题教学交流研讨课内容）

古诗词闯关——中文输入

深圳市龙华区鹭湖外国语小学　林泽珊

学科	信息技术	授课年级	三年级
教材分析	本节课依据粤教版小学信息技术三年级上册第7课"用计算机写作文"和第8课"输入中文符号与词组"的内容，参考吉林版省编综合实践教材第三单元第6课"中文汉字输入"和广州市信息技术教科书小学第一册第三单元第18		

学科	信息技术	授课年级	三年级
教材分析	课"词组输入"，将内容整合重新编排并确定本节课的教学目标。 由于粤教版第5课"学习小写转大写，数字转符号"主要学习shift键的使用，为了能够让学生的学习思路更加连贯，更好地看到中英文符号的区别，因此对教材作了处理，把第8课的部分内容提前，因此，学生已经学会中文符号的输入，并且是在学生已经掌握了（键盘以及Windows基本操作）的基础上进行的。本节课将学习使用拼音输入法输入中文，将教材内容细化具体分为字、词、句三个方面，全拼、简拼、混拼三个方法实现中文输入，这样，学生对于汉字输入方法掌握得更加全面和牢固。		
学情分析	1. 学生基本特征：本课的教学对象是三年级学生，由于我校校园诗词文化氛围比较浓郁，同学们对古诗词有一定的积累，故以此为文化背景，借助计算机处理文字的强大功能，展示信息技术与诗词文化的融合。适当地展示计算机的"神奇"功能，有益于激发他们的求知欲、增强文化自信心。 2. 学生起点水平：学生已经学会了英文的输入指法和中英文符号的输入，但是大部分学生还不会中文输入。由于学生输入中文的能力与水平跟学生本身拼音知识有紧密联系，或在家庭有无电脑学习有关，所以学生水平差异会较大。另外，学生存在个体差异，认知水平、思维方式、接受新知的能力都不同，根据以往的教学经验，教师在讲授利用混拼和简拼输入词语后，很多学生还是不习惯去用，总是输一个拼音找一个字，针对这种情况，采用小组合作学习的方式，让学生互相交流，互帮互助，共同完成任务。		
教学目标	（一）信息意识 1. 了解中文输入的方法，能够使用"拼音输入法"输入中文来收集和处理信息； 2. 在遇到信息需求时，能够灵活地用全拼、简拼、混拼输入汉字的字、词和句子来处理信息。 （二）计算思维 提高运用中文输入解决学习和生活问题的意识。 （三）数字化学习与创新 1. 利用古诗词软件和AI聊天机器人在线平台，体验用中文输入和机器人对话，学会利用数字化资源和平台，形成在数字化学习环境下学习的习惯。 2. 联系生活，了解手写输入、语音输入和图像转文字的其他中文输入方式，培养学生的迁移能力。 （四）信息社会责任 规范地进行网络信息交流，在文明使用网络的过程中，增加信息安全意识，并形成正确看待技术的态度。		
教学重点	1. 汉字输入的方法与步骤。 2. 利用简拼或混拼的方式提高词语的输入效率。		

续 表

学科	信息技术	授课年级	三年级
教学难点	1. 用拼音输入法打出带有 ü 的字。 2. 利用简拼或混拼的方式提高词语的输入效率。		
教学策略	本节课以古诗词文化为主线，以中文输入（包括汉字输入和词组输入）的教学目标，通过情境创设，激趣导入——诗词闯关，探索新知——对话聊天机器人，巩固深化——拓展延伸——总结提升的教学环节，采用激趣导入法、任务驱动法、小组合作学习等多种教学方法，培养学生的技能和文化自信。学生通过自主探究和合作学习共同完成任务，在学习技能和方法的同时能够加深对诗词文化的了解。		
教学工具/资源	教学广播软件、教学课件、古诗词闯关软件、AI聊天机器人在线网站		
教学过程			
教学环节	教师活动	学生活动	教学意图
情境创设激趣导入（3 min）	游戏活动：飞花令 规则是两位同学必须背出含有"春"关键字且不重复的诗句，背不出来的算输。	两位同学以"春"为关键字背诗，参与游戏活动。	飞花令是一个非常有意思的古诗词比赛项目。通过"飞花令"游戏活动，带领学生与古诗词亲密接触，感受汉字之美，重温诗词之美，极大地激发学生积累古诗词的兴趣，也能够激起学生对本节课的好奇心，进而引出课题，以诗词情境贯穿整节课。
诗词闯关探索新知（22 min）	教师通过广播软件发布诗词大闯关软件。 完成诗词关卡1：初出茅庐。学会和练习汉字输入。（12 min）		古诗词闯关软件共有三关，第一关汉字输入，选择"竹"字作为例子，原因是"竹"

续 表

学科	信息技术	授课年级	三年级
诗词闯关 探索新知 （22 min）	1. 讨论活动：以"_竹_外桃花三两枝，春江水暖鸭先知"为例，让学生结合教材50-51页，讨论如何完成汉字的输入。 2. 让学生上台尝试输入中文汉字，教师边引导学生得出汉字输入的步骤，边提示在每个步骤的注意点。 切换输入法：有哪些输入法？ 单击编辑区：光标定位。 键入汉字拼音。 查找：+-进行翻页。 选择：数字键选择对应的汉字，出现在第1个用空格键或者数字键1。 3. 引导学生小结汉字输入的步骤并板书：切换输入法—单击编辑区—键入汉字拼音—查找—选择。 4. 教师巡视，指导学生通关，解决疑难：如何用拼音输入法打出绿、女等拼音带有ü的字？ 以"碧玉妆成一树高，万条垂下_绿__丝_绦"为例，让学生结合教材思考用键盘打出绿字。小结并板书：ü→v。 完成诗词关卡2：崭露头角。学会并练习词组输入，提高打字速度。（8 min） 1. 以"江南好，风景旧曾谙"为例，向学生提问如何完成这两个字的输入？从而引出词组中的全拼输入。	1. 学生自学教材，分组讨论，总结得出汉字输入的步骤。 2. 学生思考和回答问题。 3. 动手尝试，小组成员互助，完成关卡1。 在教师的引导下，学会用拼音输入法打出绿、女等拼音带有ü的字。 1. 学生思考。	字不在第一页，会涉及翻页（+-）的知识点；设置了万条垂下_绿__丝_绦是为了突破难点——"绿"等拼音带有ü的字的输入；第二关词组输入，突破难点二全拼、简拼、混拼的输入方法；第三关句子输入。 学生在闯关通关中学会中文输入，并自然而然地重温古诗词，欣赏古诗词的魅力。

学科	信息技术	授课年级	三年级
诗词闯关探索新知（22 min）	2. 讨论活动：请同学们结合教材，以小组为单位讨论有没有更快的方法输入"江南"？ 3. 总结并板书：全拼输入、简拼输入和混拼输入。 4. 发布任务：自由选择全拼输入、简拼输入或者混拼输入看看谁又准又快地完成关卡。 完成诗词关卡3：登堂入室。学会并练习句子的输入。（2 min）	2. 自学教材，相互讨论。 3. 动手尝试，小组成员互助，完成关卡2。 动手尝试，小组成员互助，完成关卡3。	通过灵活选择全拼、简拼、混拼的中文输入，感受计算机的神奇魅力。
对话聊天机器人，巩固深化（10 min）	对话聊天机器人：闯关成功，开启诗词新世界大门。用老师在每位学生键盘下面藏了一张纸条的问题问问AI聊天机器人，让机器人带领同学们去认识有关诗词的故事。 自由练习，问问机器人关于古诗词的一些问题，看看机器人又会告诉你哪些有关古诗词文化的故事。	和教师互动，用中文和聊天机器人自由对话。	利用AI聊天机器人在线平台，体验用中文输入和机器人对话，学会利用数字化资源和平台，增强在数字化学习环境下学习的意识。 （AI聊天机器人网址：ai. mengxins. cn）
拓展延伸（3 min）	手写输入。 图像转文字。 语音转文字。	思考，听讲。	联系时代和生活，了解手写输入、图像转文字和语音转文字的中文输入方式，感受技术的进步，培养学生的迁移能力。

续　表

学科	信息技术	授课年级	三年级
总结提升 （2 min）	引导学生谈谈收获，课堂小结。 结束语：这节课我们学会了汉字、词组的输入，同时我们也看到了当汉字遇上诗词，每个字都被赋予了新的意义和生命力，希望同学们课后勤加练习中文输入，学好它，用好它。	分享交流收获。	通过引导学生学会总结，让学生对本节课有更深的学习体会。
板书设计			

（本设计为2023年4月27日学习共同体公开课内容）

AI背景下小学英语混合翻译教学初探

——以牛津英语6AM3 Unit 7 Seeing a film（第3课时）教学为例

深圳市龙华区鹭湖外国语小学　　刘冰洁

一、背景分析

人工智能（AI）正在改变世界，给世界带来深刻的影响。人工智能技术的迅速发展，在各行各业得到了广泛应用。在语言翻译行业，人工智能翻译也得到了非常积极的发展。在课堂英语教学中，小学生常常因为语言积累不够，特别是小学高年段的孩子，已经具有较扎实的英语基础，具有听、说、读、写等英语综合运用能力，也积累了一定的词汇和句型知识，且大部分学生已经有了一定的自己看待事物的分析能力。在记忆方面，这个阶段的孩子有意识记忆占据主导地位。在思维发展方面，这个阶段儿童思维发展开始从具体形象思维向抽象逻辑思维过渡。但是，受限于英语语言词汇积累的缺少以及第二语言和母语语言习惯的不一致，影响了课堂上做一些更深层次的讨论。因此，我们可以利用人工智能技术，改革小学英语课堂语言输出的教学模式，实现"以学生为中心"的互动教学。

Seeing a film这个话题对于生活在深圳的孩子来说是比较熟悉的，大部分孩子和家人或朋友去电影院看过电影并讨论过有关电影的话题，学生的主要困难在于不知如何用英语表达相应的电影名称和电影内容，对于如何邀请别人参加活动或提出建议的表达比较生疏等。在这之前，同学们已经学习过相关Activities、Places、Hobbies，具备谈论相关活动的词汇量和句型。通过学习本课的重点词句，结合AI翻译，帮助学生自主表达，大幅度拓展教学的空间维度和深度，提供更多教与学的可能性，尊重学生的个性。

二、教材分析

本课选取的是牛津英语小学六年级上册Module 3中的Unit 7 Seeing a film。Module 3的主题是Out and about，单元教材由Listen and say、Look and learn、Read a story、Ask and answer和Learn the sounds组成，以对话、故事、写作等形式呈现。Listen and say部分呈现了Jill和同学商量去看电影的对话场景。核心语言为句型Shall we...?及其相应回答，以及部分核心词汇：shall、police、exciting、boring、next time等。Look and learn呈现部分核心词汇：boring、exciting。Read a story部分呈现了经典故事《白雪公主》。Ask and answer部分巩固操练核心句型Shall we go and see a film this weekend？ What would you like to see？ What is it about?及相应的回答。Think and write要求学生配合前面Ask and answer部分，写一写自己喜欢的一部电影，从而提高语言综合运用的能力。

三、单元设计整体思路和依据

基于以上学情和教材分析，我们在seeing a film 的单元话题上进行了文本再构和主题拓展。以Happy weekend为单元主题，下设三个递进式Planning my weekend、Enjoying a film、Characters I like。通过文本再构将整个情景串起来，使我们的教学更生动、有趣、完整，既让学生复习了旧有知识，又将教学活动与实际生活相结合，让学生感受语言的真实性。这三个话题相互关联，层层递进，螺旋上升，以主题Happy weekend为引领，延伸出三个紧密相连的话题，从而达成了从初步理解到正确运用核心词汇句型，直至能活学活用，结合实际生活灵活运用所学知识的教学目标。

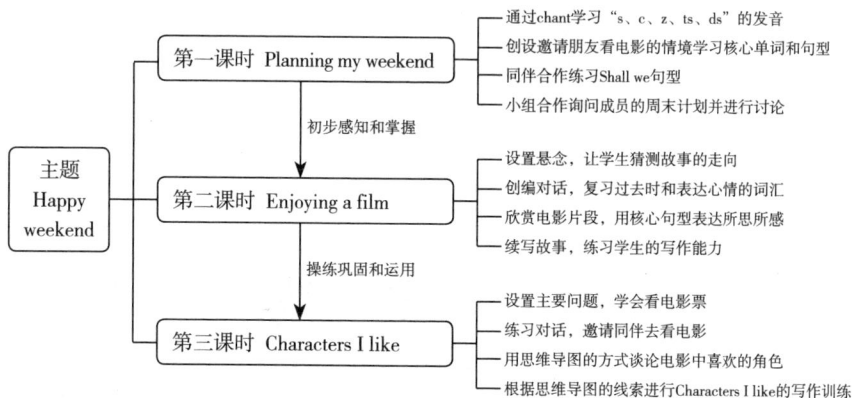

主题 Happy weekend

第一课时 Planning my weekend
- 通过chant学习"s、c、z、ts、ds"的发音
- 创设邀请朋友看电影的情境学习核心单词和句型
- 同伴合作练习Shall we句型
- 小组合作询问成员的周末计划并进行讨论

初步感知和掌握

第二课时 Enjoying a film
- 设置悬念，让学生猜测故事的走向
- 创编对话，复习过去时和表达心情的词汇
- 欣赏电影片段，用核心句型表达所思所感
- 续写故事，练习学生的写作能力

操练巩固和运用

第三课时 Characters I like
- 设置主要问题，学会看电影票
- 练习对话，邀请同伴去看电影
- 用思维导图的方式谈论电影中喜欢的角色
- 根据思维导图的线索进行Characters I like的写作训练

四、具体教学设计

第三课时：Characters I like。

（一）与AI应用的相关性分析

本课时为第3课时，主题为Characters I like，通过电影排片表，以对话形式讨论获取有关电影名字、时间排期、电影内容简介等相关信息，创设情境让学生讨论看电影活动，将前面两课时所学的核心词汇和句型结合，实际运用，提高学生的语言运用能力。学生通过将已习得的英语语言词汇和句型，结合可用中文翻译后的英语词句结合，最后融合成想要表达的对自己喜爱的影片及其核心内容的分享交流、人物角色分析和经典台词赏析等活动，进一步巩固和综合运用本单元所学的知识和技能，实现更深维度的学习，真正达到用英语来解决问题的学习目的。

（二）教学内容

Think and write

Write about a film you like.

Name of the film: _____ Stick or draw a picture.

This film is about _____
_____.

It is a/an _____ film.

Learn the sounds

s	→	see	bus
c	→	cinema	police
z	→	zoo	size
s	→	visit	please
ts	→	lights	parts
		boats	rabbits
ds	→	cards	clouds
		hands	beds

Listen and circle.

1	Sue	zoo
2	police	please
3	write	size
4	boats	beds
5	hats	hands

51

根据课堂实际表达需要改编后的文本:

S1: It will be a _____ weekend. I don't want to stay at home.

S2: Shall we go and see a film?

S1: That's a good ides. Let's find out what films we can see at _____.

S2: All right. There are _____ films on at the cinema. They are _____.

What would you like to see?

S1: _____ sounds good. Shall we see it?

S2: OK! What is it about?

S1: It's about _____.

S2: What time will the film start?

S1: It's _____ now. We can see the one at _____.

S2: OK! Let's go.

```
┌─────────────────────────────────────────────────────────────┐
│  Name of the film: _____.        Stick or draw a picture. │
│  This story is about _____                          │
│  _____.                             │
│  It's a/an _____ film.                          │
│  My favourite character is _____.                      │
│  My favourite line is _____                            │
│  _____.                             │
└─────────────────────────────────────────────────────────────┘
```

（三）教学目标

1. 通过谈论有关电影排片的对话活动，让学生运用在第1课时学习的Shall we...? What is it about?等核心句型谈论电影。

2. 通过利用电影排片表开展信息交流和小组调查活动，帮助学生巩固运用所学知识。

3. 通过学习任务写自己喜爱的电影及其喜爱的人物角色，帮助学生巩固和综合运用本单元所学的知识和技能。

4. 通过各种电影及其核心内容的分享交流、人物角色分析和经典台词赏析等活动，让学生了解世界各地不同的风俗文化，开阔视野，增长课外见闻。

（四）教学重难点

1. 重点：核心句型Shall we...? What is it about?等在讨论电影排片表对话中的运用。

2. 难点：

（1）综合运用前面所学的知识，与他人分享交流你最喜爱的电影以及人物角色。

（2）学会探索电影故事背后所表达的深层次的意义。

（五）教学过程

步骤	目的	教师活动/教法	学生活动/学法	条件/手段
组织教学及复习	1.以问答的形式带领学生复习前面两课时所学的核心词汇与句型。 2.情境导入。	1.询问学生What did you do last weekend? Which film did you see? Who do you like best in the film? 2. 导入。教师：I like seeing films very much. It will be sunny this weekend. Shall we go and see film this weekend?	1.结合前面所学知识，思考并回答老师提出的问题。 2.融入情境，为下面的学习作铺垫。	1.通过对话复习旧知。 2.情境设置。

续 表

步骤	目的	教师活动/教法	学生活动/学法	条件/手段
新知识的呈现与归纳	1.让学生学会看电影排片表。	1.展示一张电影排片表，围绕电影名称、播放时间、持续时间和简介等问题，让学生学会读取排片表信息。 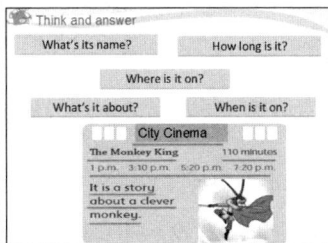	1.跟随教师读取电影排片表的信息。	1．范例展示。
	2 引导学生读取电影排片表信息，并为下面的对话练习积累语言素材。	2.展示City Cinema的3张电影排片表，以问答的形式引导学生仔细读取电影排片表的信息。 T: There are 3 films on at City Cinema? What are they? Which film would you like to see? What is it about? What time will this film start?	2.读取电影排片表的相关信息并回答问题。 S1: They are Monkey King, Police Story and Snow White. S2: I'd like to see Monkey King. S3: It's a story about a clever monkey. S4: It will be on...	2．引导对话。
	3.朗读改编后的对话，让学生理解对话内容，为下面学生的对话练习作铺垫。	3. 创设邀请朋友去看电影的情境，出示China Film Cinema的3张电影票并展示对话内容，让学生进行朗读理解。 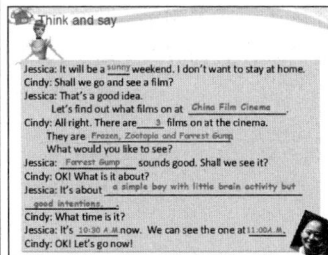	3.朗读对话，理解大意。	3．整体感知。

步骤	目的	教师活动/教法	学生活动/学法	条件/手段
新知识的呈现与归纳	4.检验学生是否掌握读取电影排片表信息的能力，并获取对话信息。	4.通过China Film Cinema的电影排片表，指导学生根据电影名称、播放时间和电影简介等内容进行同桌对话练习。	4.自行阅读提取不同电影排片表信息。根据电影名称、播放时间和电影简介等内容同桌进行对话练习。	4.提取有效信息并进行口语对话练习
	5.培养学生展现自我的能力。	5.让学生进行对话展示。	5.进行展示或观看同学展示。	5.展示自我。
新知识的巩固与活用	1.电影片段欣赏。 2.培养学生对语篇的理解。	1.播放Forrest Gump电影片段。 2.教师PPT出示思维导图，围绕电影名称、话题、内容、人物角色和台词等，介绍自己喜欢的电影，边提问边板书思维导图。	1.观看Forrest Gump电影片段。 2.回答问题。	1.电影赏析。 2.思维导图，整理信息。
	3.培养学生的模仿能力和综合运用能力。	3.展示教师自己根据思维导图制作的自己喜欢的角色的海报。	3.小组合作进行讨论制作海报并进行展示。	3.借助AI翻译，帮助孩子整理自己对电影角色的分析和表达，综合运用。
	4.电影欣赏，情感教育。	4.播放视频，让学生谈谈该电影背后的教育意义，并带领学生总结出每部电影背后都有其深意。	4.观看视频，讨论其教育意义，并总结：每部电影背后都有其深意。	4.情感教育。

步骤	目的	教师活动/教法	学生活动/学法	条件/手段
小结	1.引导学生学会邀请他人一同活动，并愉快地应邀或礼貌地拒绝。引导学生学会简述所看过的电影，并表达自己的感受。	1.内容小结： T: Shall we go and see a film today? S1: That's a good idea.What would you like to see? T：... sounds good. S2: What's it about? T: It's about... S3: How is it? T：It's... S4: OK. Let's go. T: Who's your favourite character in this film? S5: I like... T: What's your favourite line in the film? S6: My favourite line is...		
	2.通过思维导图，学会运用思维导图组织内容完成一个话题。	2.学习方法小结： T：What's the name of this film? S7: The name of the film is... T: What's it about? S8：It's about... T: How is it? S9: It's a/an... story. T: Who is my favourite character in this film? S10: It's... T: What's my favourite line in this film? S11: It's... T: All of these are talking about "The Character I like". So if you want to talk about "the characters", concluding those parts into the passage.		
作业布置		1. Invite your friends to see a film this weekend. 2. Write down your favourite characters of the film in the post card.		

（本设计为2024年6月18日工作室"名师进民校"活动暨文峰小学英语教学研讨公开课内容）

AI探意理——翻译软件我来编

深圳市龙华区鹭湖外国语小学　林泽珊

年级	四年级上册	教学环境	计算机教室

一、教学内容分析

该课时的上一节课已经为同学们科普了什么是AI翻译，以及AI翻译的发展历程和生活中的重要应用。本节课将在上一节课的基础上带领同学们一起，使用积木编程制作AI翻译机器人。通过自己动手进行编程，熟悉编程积木及编程思维。通过拓展AI翻译和其他技术结合的应用，使同学们明晰AI翻译软件在人们生活、学习中解决语言问题的应用价值。

二、学情分析

知识结构特征：学生已经了解了AI翻译的基本原理，但对积木编程还不熟悉，主要体现在对各个编程积木的功能掌握以及代码流程；

技术能力：对于电脑软件的运用还不熟练，尤其是对编程平台，需要进一步熟悉编程平台的使用；

情感特征：对新鲜事物的感兴趣程度普遍颇高，但无法接受高难度教学内容，需要由浅入深，对于一些较为难理解的知识，需要结合现实生活中的一些事例加以讲解。

三、教学目标

知识与技能：

1. 分析翻译软件的实现流程；

2. 熟悉一些常用的编程积木，训练编程思维，制作AI翻译机器人。

过程与方法：

1. 通过分解AI翻译过程，学习每个过程中使用到的编程积木的功能；

2. 通过制作AI翻译机器人，掌握基本编程积木，形成编程思维。

情感态度与价值观：

1. 体会AI翻译的快捷与便利，在日常生活、学习中解决语言问题的应用价值；

2. 加强使用AI翻译解决语言问题的意识。

四、教学重难点

重点	难点
理解AI翻译的过程。	使用积木编程制作AI翻译机器人和语音翻译机器人。

五、教学策略		
任务驱动法、合作讨论法、过程性评价、形成性评价		

六、课前准备		
演示课件、导学单、腾讯人工智能教育平台、建立班级码和登录码		

七、教学过程		
教学环节	教师活动	学生活动
激趣导入 （5 min）	1. 复习机器翻译的概念。 2. 组织会说不同语种的学生上台体验实时翻译软件。	1. 复习与回顾。 2. 学生上台体验实时翻译软件。
设计意图：复习和回顾机器翻译的概念，让学生感受目前最新发展的AI翻译的强大，激发学生的学习兴趣并分析流程图。		
发布任务 （10 min）	1. 让学生上来体验翻译软件，再引导学生分解AI翻译软件的开发流程，一边板书流程图。（8 min） 	1. 回忆上节课的AI翻译的内容。 2. 学生上台体验翻译软件，尝试说一说AI翻译软件的实现功能和流程。 3. 学生认真思考，跟随老师学习编程积木，了解各模块的作用和使用方式并记录在任务单上。

发布任务 （10 min）	2. 对照流程图，引导学生了解AI翻译机器人需要用到的编程积木，包括这些积木的作用，使用方式。（2 min） 3. 邀请学生上台尝试编程。	

设计意图： 对照流程图进行编程，有利于学生设计思维和计算思维的发展。

教学环节	教师活动	学生活动
动手制作 （10 min）	1. 布置任务：制作AI翻译机器人。 2. 帮助同学们解决他们在制作过程中遇到的问题。 3. 拓展任务：制作语音翻译机器人。	1. 学生自主完成基础任务（可以和老师演示的不一样，如添加翻译语言，修改动画角色，争取做出有个人特色的AI翻译机器人）。 2. 遇到问题及时找老师反映，积极寻求帮助。

设计意图： 通过实践，切身体会积木编程，并制作属于自己的AI翻译机器人。同时，在制作过程中可能会遇到很多问题，培养同学们在遇到困难时主动寻求帮助的好习惯。结合拓展任务，进一步学习积木编程，熟悉编程思想，巩固对AI翻译的知识理解。

教学环节	教师活动	学生活动
作品评价 （5 min）	1. 组织评价作品。 2. 拓展：播放AI语音实时翻译的视频，让同学们了解机器翻译的强大，感受AI智能翻译的程度，评价AI翻译是否能够达到的语言翻译的标准，并留下课后思考题：机器翻译会取代人类翻译吗？	1. 学生上台演示作品。 2. 观看视频，思考问题。

设计意图： 评价环节则通过评估学生的表现，提供有针对性的反馈，拓展环节旨在通过引入新的概念、理论或技能，拓宽学生的知识视野，并最后留下课后思考题，激发他们的学习兴趣和探索欲望。

八、板书设计

（本设计为龙华区小学人工智能教学设计）

基于人工智能赋能的科学教育

——以"不同的材料的餐具"教学为例

深圳市龙华区鹭湖外国语小学 杨诗敏

当"技术赋能教育"成为当下的流行语，数字技术特别是人工智能赋能科学教育发展，是未来教育的发展趋势。人工智能互联的同时也带来了一些次生问题，比如人和人之间的交流会被削弱，线下交流机会也会减少。人工智能也不能被局限在解决作业、提供答案的层面，应该要做到更好地应用人工智能培养学生创新意识，强化专业学科的交叉融合，以问题为导向创新理论和方法。现以《不同的材料的餐具》一课为例，进行人工智能赋能科学教育的教学实践探索。

一、教学思路

《不同的材料的餐具》教学思路如下图所示。

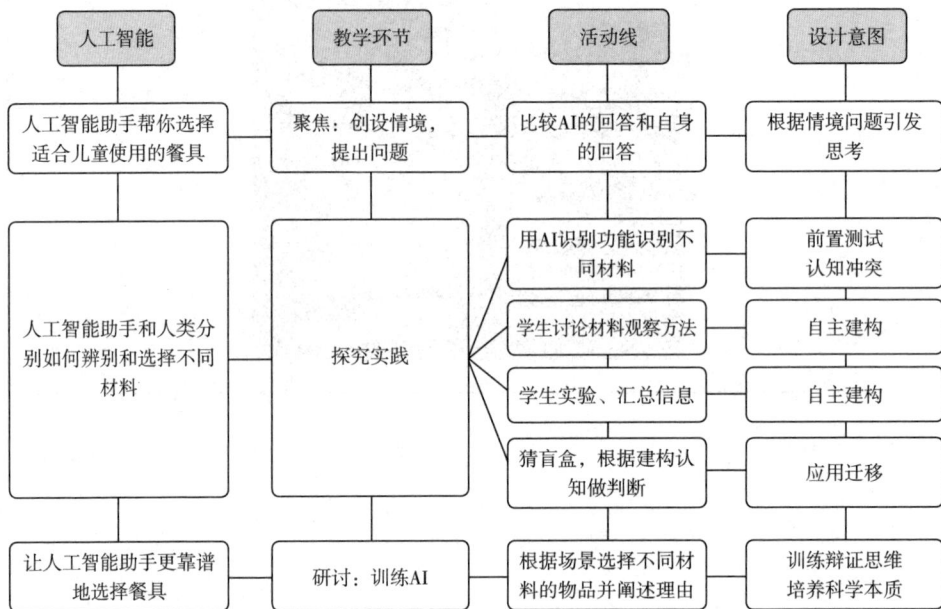

人工智能	教学环节	活动线	设计意图
人工智能助手帮你选择适合儿童使用的餐具	聚焦：创设情境，提出问题	比较AI的回答和自身的回答	根据情境问题引发思考
人工智能助手和人类分别如何辨别和选择不同材料	探究实践	用AI识别功能识别不同材料	前置测试 认知冲突
		学生讨论材料观察方法	自主建构
		学生实验、汇总信息	自主建构
		猜盲盒，根据建构认知做判断	应用迁移
让人工智能助手更靠谱地选择餐具	研讨：训练AI	根据场景选择不同材料的物品并阐述理由	训练辩证思维 培养科学本质

二、教学过程

（一）聚焦：创设情境，提出问题

问题：2岁的侄女快生日了，老师想送餐具给她，你认为哪种材料的餐具比较适合儿童使用？

介绍：人工智能助手"科科"，通过AI聊天软件询问"哪种材料的餐具比较适合儿童使用？"AI回答"塑料餐具是比较适合儿童使用的餐具之一"。

追问：你认可"科科"的建议吗？请勾选认可或不认可，记住自己现在的选择，在课堂的最后我们来看看有没有新的发现。

（二）探索

过渡：其实在做判断之前我们应该先需要充分了解信息。"科科"说的塑料餐具你知道是哪一种吗？

展示：陶瓷、塑料、金属、木头四种材料的餐具。

介绍："科科"的材料识别功能，分别让学生和"科科"识别1号材料——塑料、2号材料——陶瓷、3号材料——涂了绿色颜料的陶瓷餐具。

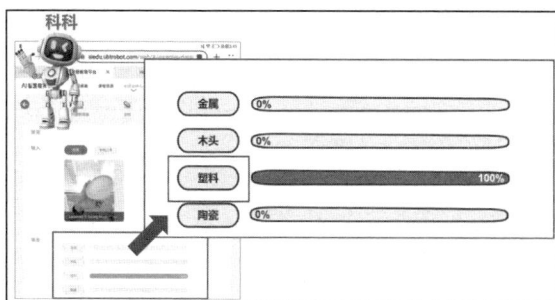

1号材料：塑料餐具

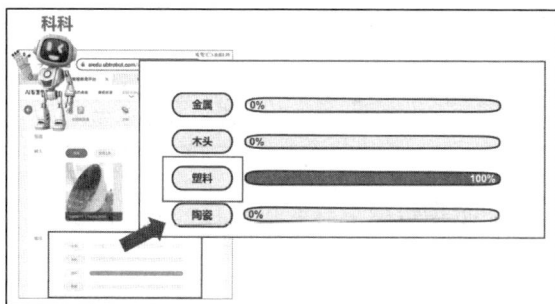

2号材料：陶瓷餐具

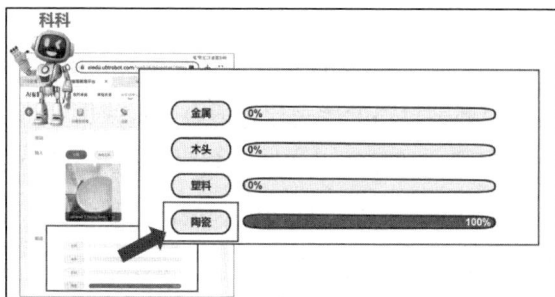

3号材料：涂了绿色颜料的陶瓷餐具

追问："科科"认为3号材料是塑料餐具，请勾选认可或不认可"科科"的判断。

追问：你认为"科科"是用什么来判断这个餐具的材料？相当于我们人用哪个感官来观察？这样判断足够准确吗？

交流并总结：用眼睛、手、鼻子、耳朵四种感官观察不同材料餐具的方法。

实验并汇报：每个小组观察记录不同餐料餐具的特点，进行汇报。

用手机同屏的方式直播学生的实验情况，用拍照上传的方式展示每个小组的实验记录。

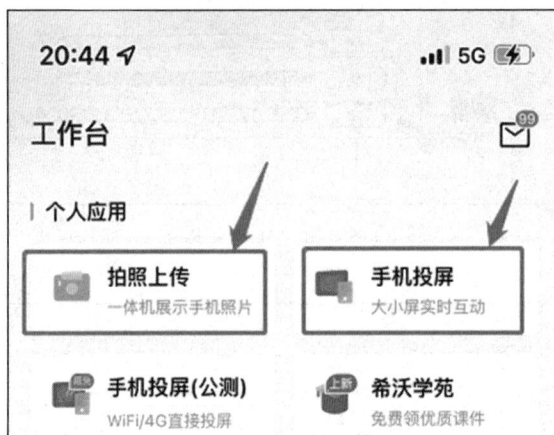

讨论并小结：学生根据班级汇总表提出自己的不同意见，班级讨论修改完善不同材料餐具的特点。

盲盒游戏：盒子里装着某一种材料的餐具。提问的人可以问材料是否具有某个特点？逐步猜出盲盒里餐具的材料。

研讨：训练AI。

提问：结合本节课的认识和你的生活经验，你现在还认可一开始"科科"的观点吗？你自己认为哪种材料的餐具比较适合儿童使用？请说明理由。

交流：学生进行不同的选择并说明该材料的好处和不足。部分学生分享硅胶等新材料，部分学生分享真空金属碗等特别设计过的餐具。

小结：每种材料都有其优点和缺点。

总结："科科"可以给我们提供建议，但我们仍然要自己独立地思考，这样社会上也才可能出现优秀的设计师去放大材料的优点，弥补不足；也才可能出现优秀的材料科学家创造更加好用的材料。

（本设计为2023年11月30日紫金教育帮扶信息技术与学科融合研讨课内容）

校园智慧食堂

——项目式课程教学活动设计

深圳市龙华中学　崔航航

　　讯飞星火作为科大讯飞公司的一款人工智能大语言模型工具，具有多种多样的功能。具体来说，它可以很好地辅助教师的教学设计，根据学生的学情，从实际出发，不断调整文本的输出，使得产出的教学设计方案能够适切真实需求。

一、课程题目及团队成员

课程项目：《校园智慧食堂》

团队成员：吕海平、陈思禄、李木河、崔航航、林锦芬、王慧珍、陈琦

二、学情分析

　　学习者是高一年级学生，对信息技术有一定的认识，对设计一个智能的食堂有浓厚的学习兴趣。学生普遍思维活跃，能积极并有条理地发表个人观点。学生在一定程度上具备小组合作探究、交流解决问题、合理分工的能力，喜欢通过合作交流的学习方式获取知识，能够在教师的引导下比较有序地开展小组合作学习。

三、教学目标

　　围绕信息科技的核心素养，包括信息意识、计算思维、数字化学习与创新与信息社会责任开展未来智慧食堂的教学目标设定。

　　1. 通过案例分析、阅读材料等，了解智慧食堂的概念，理解智慧食堂对人们的生活、环境、能源效率及人工智能的重要意义。

　　2. 通过探究实践，了解智慧食堂所涉及的前沿技术，在实际应用中体会人

工智能带来的变化和安全挑战。

3. 团队合作提出创新的智慧食堂的解决方案，形成方案报告及投标书，提升问题解决、工程设计、图像化创意表达能力。

4. 采用数字化学习策略管理学习过程和资料，完成未来智慧食堂原型制作。团队分工合作整理项目成果，完成未来智慧食堂展，进行科学表达，形成综合思维与创新意识。

四、课程情境设置

学校食堂目前还存在很多不足，学校计划升级建设智慧食堂，使它更加智能、舒适和高效，改善学校师生用餐体验。请你和团队成员一起设计一个未来智慧食堂，参加学校食堂设计的招投标。

五、课时需求及时间分配

5课时。

六、课程所属子任务简介及驱动性问题链分析

（一）核心驱动性问题（CDQ）

如何利用现代信息技术为学校食堂带来创新，使其更加智能、高效、环保和健康，以满足学生和教职工的多样化需求？

（二）驱动性问题链（任务拆解）

1. 校园智慧食堂需求分析（1课时）：

驱动问题：你觉得学校食堂目前有哪些不足？哪些地方需要改进？

在进行校园智慧食堂的需求分析时，首先需要对当前学校食堂存在的问题进行深入的了解。以下是一些可能的问题和需要改进的方面：

（1）就餐效率低下：当前很多学校食堂在就餐高峰期时往往人满为患，队伍排长龙，就餐环境嘈杂，大大降低了就餐的效率。

（2）菜品更新缓慢：一些学校食堂的菜品更新缓慢，甚至有些菜品不受欢迎，导致学生反复食用同样的菜品，对健康不利。

（3）缺乏个性化服务：每个学生对于口味和饮食需求都有所不同，但很多学校食堂缺乏个性化的服务，无法满足学生的个性化需求。

（4）食品浪费严重：由于缺乏有效的管理手段，很多学校食堂存在严重的食品浪费问题。

（5）缺乏有效的营养管理：许多学校食堂缺乏专业的营养管理，无法为学生提供均衡的营养。

（6）排队等待时间长：在高峰期时，学生需要排队等待很长时间才能购买到餐品，这无疑增加了学生的就餐时间，降低了效率。

（7）缺乏对食品来源和质量的保证：有些学校食堂可能无法保证食品的来源和质量，这可能对学生的健康产生影响。

（8）缺乏对饮食心理健康的关注：学生可能因为学习压力、社交压力等各种原因而产生饮食心理问题，如厌食、暴食等，而学校食堂往往缺乏对此类问题的关注和处理。

为了解决以上问题，可以引入智慧食堂的概念。智慧食堂可以通过技术手段，如使用自助点餐系统、智能支付系统、食品溯源系统等，提高就餐效率，改善就餐环境，提供个性化的服务，减少食品浪费，增加营养管理，减少排队等待时间，保证食品来源和质量，以及增加对饮食心理健康的关注。

2.科技应用于智慧食堂（1课时）：

驱动问题：什么是智慧食堂？与传统食堂有什么区别？如何用人工智能、物联网、大数据等技术去升级改进食堂存在的问题？

针对校园食堂存在的问题，可以使用人工智能、物联网和大数据等技术进行升级和改进。以下是一些可能的方法：

（1）提升就餐效率：可以使用人工智能和物联网技术，如通过智能点餐系统，让学生提前在线点餐并支付，减少现场等待时间。另外，可以引入智能支付系统，通过扫码等方式快速支付，减少排队时间。

（2）增加菜品多样性：通过大数据分析，了解学生的口味和偏好，定期更新菜品，增加新的菜品，以满足学生的不同口味需求。

（3）个性化服务：通过人工智能技术，如利用机器学习和深度学习算法，对学生的饮食喜好进行分析，推荐适合他们的菜品。同时，可以提供定制化的饮食计划，以满足学生的个性化需求。

（4）减少食品浪费：通过物联网技术，对食堂的食品浪费情况进行实时监控和数据分析，找出浪费的原因，进而采取有效的措施减少浪费。同时，可以引导学生进行光盘行动，提倡节约粮食。

（5）增加营养管理：通过大数据分析，了解学生的营养需求，制定均衡营养的餐食方案。同时，可以提供营养咨询服务，帮助学生了解健康饮食的重要性。

（6）提高就餐环境：通过物联网技术，如智能温度控制系统和智能照明系统等，对食堂的环境进行实时监控和调整，以提供更加舒适的就餐环境。

（7）保证食品来源和质量：通过物联网和大数据技术，对食品的采购、加工、储存和配送等环节进行实时监控和数据分析，确保食品的来源和质量符合要求。

（8）关注饮食心理健康：通过人工智能技术，如利用自然语言处理和情感分析等技术，对学生的饮食心理进行分析，及时发现和解决饮食心理问题。同时，可以提供饮食心理咨询和辅导服务，帮助学生建立健康的饮食习惯。

综上所述，人工智能、物联网和大数据等技术可以为校园智慧食堂提供更加高效、智能、个性化的服务和管理方式，解决当前存在的问题并提升学生的就餐体验。

3. 智慧食堂设计（2课时）：

驱动问题：作为未来智慧校园食堂设计团队，你们将采用什么技术去实现一些智慧食堂场景？请设计你们团队的未来智慧食堂方案。

引导学生设计的参考场景（可PPT再丰富）举例如下：

智慧点餐（物联网技术解决排队问题）；

智能推荐系统（推荐系统解决菜品喜好问题）；

食品溯源（二维码或RFID技术，实现食品从生产到消费的全程追溯，确保食品安全）；

无人化服务技术；

环保节能。

4. 未来智慧校园食堂招标评审会（1课时）：

驱动问题：请根据你们团队的智慧食堂设计方案制作投标书，这么多组团队竞争，如何才能中标呢？

七、具体某一子任务教学活动设计说明、学习资源、学习支架

课时安排：2课时（每课时45分钟）。

教学环节	教师活动	学生活动	设计意图	学习资源	学习支架	时间分配
情境导入	介绍智慧校园招标会项目背景，引发学生对未来智能食堂场景建设的兴趣	学生对招标进行讨论提问并分享对智慧校园食堂的理解和期望	激发学生的思考和兴趣，为后续的设计活动作铺垫	PPT、视频资料	投标书范例	10 min
知识准备	介绍信息科技、数学、物理、化学等学科在智慧校园食堂建设中的应用	学生通过小组合作，查找相关资料，了解各学科在智慧校园食堂中的应用案例	帮助学生了解跨学科知识的重要性和应用价值	网络资源、书籍、期刊论文	小组合作、讨论	15 min
头脑风暴	引导学生进行头脑风暴，提出未来智能食堂场景建设的想法和创新点	学生以小组为单位，进行头脑风暴，记录下各种想法和创新点	培养学生的创新思维和团队合作能力	白板、便笺纸	小组合作、讨论、记录	20 min
方案设计	教师引导学生分析头脑风暴中的想法和创新点，提出可行的智慧校园食堂方案	学生以小组为单位，根据头脑风暴的结果，设计智慧校园食堂方案，并进行初步的细化和完善	培养学生的综合思维和解决问题的能力	智慧食堂案例、技术讲解视频	问题链引导	25 min
方案展示	学生以小组为单位，展示他们的智慧校园食堂方案，并解释各个创新点的原理和应用	学生进行方案展示，其他小组成员进行提问和评价	提高学生的表达能力和团队合作能力，加深对智慧校园食堂方案的理解	PPT和模板、展示材料	小组合作、展示、提问、评价	15 min
总结反思	教师总结本节课的学习内容和收获，引导学生进行反思和总结	学生进行个人或小组的反思和总结，分享自己的学习心得和体会	帮助学生巩固所学知识，提高学习效果	PPT、白板	讨论、总结、分享	5min

通过以上教学设计方案，学生将在跨学科主题学习活动中，以小组合作的方式，大胆设想目前还没有实现的人工智能应用场景，畅想未来智慧食堂建设，设计未来智慧校园食堂方案。综合运用信息科技、数学、物理、化学等学科知识，让学生跨学科思考，形成综合思维与创新意识。在智慧食堂建设方案中，学生将展示头脑风暴，设计出如智慧点餐、智能推荐系统、食品溯源、无人化服务技术、环保节能等创新点。通过本方案的实施，学生将能够培养创新思维、团队合作能力和解决问题的能力，提高综合素养和跨学科学习能力。

未来智慧校园食堂设计团队可以引导学生设计参考场景，以帮助他们更好地了解和改善食堂的运营。以下是教学过程参考：

1. 问题分析：首先，引导学生们分析当前校园食堂存在的问题，如人流量大、等待时间过长、菜品选择少等。

2. 研究目标：接下来，确定设计目标，如提高就餐效率、增加菜品多样性、改善就餐环境等。

3. 设计研究：引导学生进行头脑风暴，提出解决方案。例如，可以引入自助点餐系统、推出健康餐单、增设休闲区等。

4. 数据分析：对每种解决方案进行数据收集和分析。例如，可以收集食堂日常运营数据，如客流量、销售额等，以便评估不同方案的有效性。

5. 方案筛选与优化：根据数据分析结果，筛选出最有效的解决方案，并进行优化。例如，引入自助点餐系统后，可以进一步优化点餐流程、增加支付方式等。

6. 实施与监测：将优化后的方案实施到校园食堂中，并对其效果进行监测。例如，可以观察客流量、销售额等指标的变化情况。

7. 反馈与改进：根据监测结果，对方案进行进一步的反馈和改进。例如，如果发现某个方案并未达到预期效果，可以及时调整方案并重新实施。

8. 分享与总结：最后，引导学生分享他们的设计思路和实践经验，并总结整个过程的收获和不足之处，为今后的设计工作提供参考。

以下是设计"智慧点餐"教学过程的一种可能方法：

1. 问题分析：首先，引导学生们深入了解校园食堂目前点餐过程中存在的问题，如点餐速度慢、等待时间长、人工错误等。

2. 研究目标：接下来，确定智慧点餐系统的目标，如提高点餐效率、减少错误、提升客户满意度等。

3. 设计研究：引导学生进行头脑风暴，提出解决方案。例如，可以设计一个手机App，让学生提前在线点餐；或者开发一个食堂现场的智能点餐系统，支持触屏操作和语音识别等。

4. 技术研究：根据提出的解决方案，引导学生进一步深入研究相关技术，如App开发、前端界面设计、语音识别和后端数据处理等。

5. 系统开发：引导学生分组进行系统开发工作，每组负责一部分任务，如界面设计、功能开发、测试等。

6. 系统测试与优化：在系统开发完成后，组织学生进行系统测试，并针对测试结果进行优化改进。

7. 用户培训与推广：系统优化完成后，引导学生进行用户培训，包括食堂员工和食堂使用者等。同时，组织宣传推广活动，让学生了解并尝试使用智慧点餐系统。

8. 数据分析与改进：收集系统使用数据和用户反馈，对系统的使用效果进行分析，如点餐效率是否有提高、用户满意度是否有提升等。根据分析结果，引导学生进一步改进系统。

9. 总结与分享：引导学生分享他们在智慧点餐系统设计和实施过程中的经验，并总结整个过程的收获和不足之处，为今后的设计工作提供参考。

八、可视化成果说明

各小组生成一份项目投标书1.0版，请全班学生进行投票与打分，也可邀请大众评委或领域专家进行评审。项目投标书格式如下：

项目投标书
一、基本信息
二、项目设计论证
1. 研究状况和选题价值
2. 总体框架和预期目标
3. 研究思路和研究方法
4. 整体项目与子项目间关系、主要内容
5. 参考文献和研究资料
三、研究计划
研究进度和任务分工
四、经算预算
五、小组承诺
六、审核意见（教师、领域专家填写）

经过多轮的优化与迭代，促使标书臻于完善，不断增强可行性和实用性。

九、过程性评价与结果性评价

小组成员互评表见下表。

项目	评价指标	分值	第一组	第二组	第三组	第四组
诊断性评价（15分）	1. 学生了解智慧食堂的构成以及设计流程	5				
	2. 学习者基本掌握人工智能实践操作技能	10				
形成性评价（60分）	1. 学生提出创新的智慧食堂的解决方案	10				
	2. 学生完成未来智慧食堂原型制作	10				

项目	评价指标	分值	第一组	第二组	第三组	第四组
形成性评价（60分）	3.学生提升数据收集与分析能力	10				
	4.学生提升问题解决能力和实践探究能力	10				
	5.学生领悟一定的社会主义核心价值观、职业理想与职业道德以及马克思主义思想方法	20				
总结性评价（25分）	1.教师对学生的讨论发帖发表鼓励性和导向性评语	10				
	2.学生组成学习小组对小组内成员作业进行互评	15				

请根据完成本次任务的合作情况对小组的其他成员打分，在成员对应的表格中填入其他成员的姓名，并在每道题目对应的表格中填写分值（从1分到5分）。

编号	题目	成员1	成员2	成员3	成员4
1	在大部分时间里他（她）踊跃参与，表现积极				
2	他（她）的意见总是对我很有帮助				
3	他（她）经常鼓励/督促小组其他成员积极参与合作				
4	他（她）能够按时完成应该做的那份工作和学习任务				
5	我对他（她）的表现满意				
6	他（她）对小组的贡献突出				
7	如果还有机会我非常愿意与她（他）再分到一组				
8	对他（她）总体上是喜欢的				

第六章　伦理与社会

人工智能是把双刃剑

深圳市龙华区鹭湖外国语小学　古兴东

一、教材分析

本课是深圳市人工智能学习平台1四年级下册第1课内容。课程通过了解人工智能生成的应用,提升对人工智能应用的兴趣。并通过人工智能生成体验,增加对人工智能的认识。此次通过深入学习、交流、讨论人工智能技术在生活中的应用,加深对优缺点的认识。为后面深入学习与应用人工智能课程打下坚实基础。

二、学情分析

本课学习对象是四年级的学生,通过上学期的人工智能学习,学生对人工智能技术的应用有了一定的了解。特别是对人工智能技术在生活中的广泛应用,有较深的认识,能理解人工智能技术带来的便利。但是学生对人工智能可能存在的一些不足,认识不一定清楚,需要通过一些实例辅助说明,增加学生认识。

三、教学目标

本课主要包括欣赏导入、体验操作、应用交流、思考讨论、评价总结五个教学环节,本节目标为:

1. 了解人工智能生成文本、图片、视频等的应用。

2. 体验人工智能生成文本、图片。

3. 认识人工智能交流技术在生活中的应用。

4. 理解人工智能技术的优点与不足。

四、教学重难点

1. 重点：了解智能人工智能技术的应用，体验人工智能生成。

2. 难点：正确理解人工智能技术的优点与不足。

五、教学准备

教师准备：人工智能生成视频、深圳市青少年人工智能教学平台、课件等。

学生准备：了解人工智能在生活中的应用。

六、教学过程

教学过程	教师活动	学生活动	设计意图
看一看 欣赏导入	1.教师播放人工智能生成视频，引导学生带着问题欣赏，如果自己是导演，需要哪些道具？在哪里？预计多少时间？花费多少钱？ 2.请学生问答。 3.老师介绍AI生成技术Sora。 4.展示人工智能生成图片、文本。引导学生思考，AI生成的优点及不足。 5.教师总结AI生成技术的优缺点，导入主题《人工智能是把双刃剑》。	1.学生带着问题认真欣赏。 2.学生根据自己经验回答。 3.学生初步了解AI生成技术。 4.学生欣赏，讨论交流。 5.学生认真听讲，了解AI生成技术的优缺点。	通过人工智能生成视频、绘画及文本的欣赏，激发学生的学习兴趣，同时引起学生对人工智能优点与缺点的初步思考。
玩一玩 体验操作	1.教师展示AI体验馆的"AI绘画"模块，进行示范操作。 2.教师组织学生体验"AI绘画"模块。 3.教师引导介绍学生自己生成的内容。 4.教师引导学生思考，人工智能生成对我们学习、生活有什么帮助？可能存在哪些隐患？	1.学生认真观看老师示范操作。 2.学生体验"AI绘画"模块。 3.学生展示自己生成的内容，并介绍。 4.学生思考并总结AI生成技术的优点及不足，回答教师问题。	通过体验平台"AI绘画"模块，培养学生操作能力，创新能力，表达能力，培养对人工智能的兴趣。

续 表

教学过程	教师活动	学生活动	设计意图
说一说 应用交流	1.教师展示人工智能在交通、教育、家居、工业等领域的应用，感受到了人工智能技术给我们生活带来的便利。 2.引导学生互动交流，说出一些人工智能在这些领域中应用的案例。 3.教师组织学生体验"百变激萌"模块。	1.学生欣赏。 2.学生说出人工智能的应用案例。 3.学生体验"百变激萌"模块。	通过欣赏、交流、体验的方式让学生了解人工智能应用，加深对人工智能的理解。
议一议 思考讨论	1.教师引导学生回顾人工智能应用，小结人工智能的优点。 2.教师引导学生思考人工智能可能存在危害，并邀请学生代表分享观点。 3.播放人工智能存在的一些弊端视频，引导学生加深对人工智能的了解。 4.教师小结人工智能危害问题。	1.学生回顾人工智能应用，理解优点。 2.学生思考人工智能可能存在的危害并回答问题。 3.学生认真听讲，了解人工智能技术给人类带来的便利。 4.学生观看视频，认真听讲。 5.学生理解人工智能的弊端。	通过小组讨论与观看视频，学生学习总结人工智能技术对人类带来的便利与危害，感受人工智能技术对社会的影响。
想一想 评价总结	1.教师引导学生回顾本课知识点。 2.教师引导学生理解人工智能是把双刃剑，正确看待人工智能技术，充分利用AI技术，促进学习，改善生活，也要注意弊端。	1.学生回顾知识点。 2.学生认真听讲与思考。	通过评一评，引导学生回顾知识，加深对人工智能的认识。
教学流程	看一看—玩一玩—说一说—议一议—想一想		

	序号	学习内容	评价
学生自 评表	1	能使用人工智能平台进行AI生成体验	☆☆☆☆☆
	2	能说出生活中的一些人工智能应用	☆☆☆☆☆
	3	能够说出人工智能的优点	☆☆☆☆☆
	4	能够说出人工智能的不足	☆☆☆☆☆
	其他收获：		

教学过程	教师活动	学生活动	设计意图
课堂板书	**人工智能是把双刃剑** 优点　　　　　　不足 提高生产效率　　隐私泄露 提高生活质量　　就业问题 促进科技创新　　道德责任		

（本设计为2024年3月14日工作室"名师进民校"活动龙丰学校研讨课内容）

第三篇

人工智能创新设计

第一章　创客作品

海陆空任我行
——中国智造，强国之路

深圳市龙华区鹭湖外国语小学　周帅、谢锐杭、刘占磊、胡李锁

一、作品创意来源

（一）作品简介

从学校的校训"振鹭于飞、咏湖于美"出发，设计了海陆空系列作品，展示"中国制造"和"中国智造"的强大。三个作品分别应用了人脸识别、无人驾驶、温湿度感应等"中国智造"当下最火热的技术，寓意我国必将跻身世界科技强国之列。

（二）作品特色

1. 设计理念将校训与比赛主题相结合。

2. 作品空间立体层次突出。

3. 作品应用了众多"中国智造"先进技术，契合主题，功能完备，具有实用性。

4. 作品装饰了很多切合主题的元素，十分美观，充满了想象力和个性。

（三）作品类别

1.海：海上蛟龙，咏湖于美。

2.陆：陆地巡航，展我国威。

3.空：空中翱翔，振鹭于飞。

二、创客团队介绍

（一）团队名称

"振鹭"创客团队（E），各尽所能，完成作品创作。

（二）团队分工

周帅

科学老师

（S）

负责主题构想

激光切割

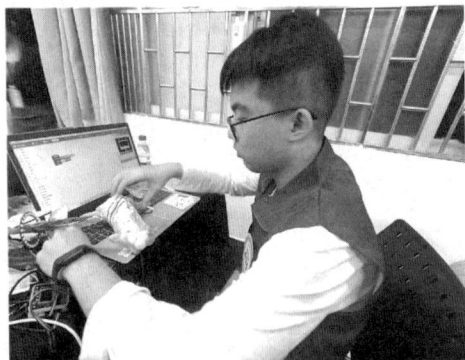

谢锐杭

信息技术老师

（T）

负责程序设计

组装元件

刘占磊

美术老师

（R）

负责美学设计

制作海报

胡李锁

道法老师

（M）

负责演示文稿

制作文案

三、设计步骤

（一）设计规划

（二）激光切割与组装

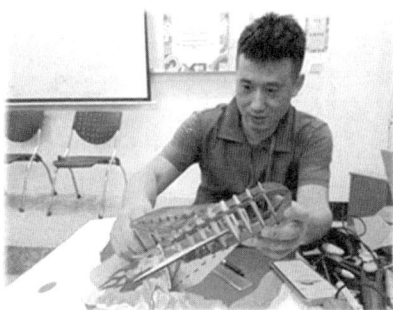

（三）美学设计

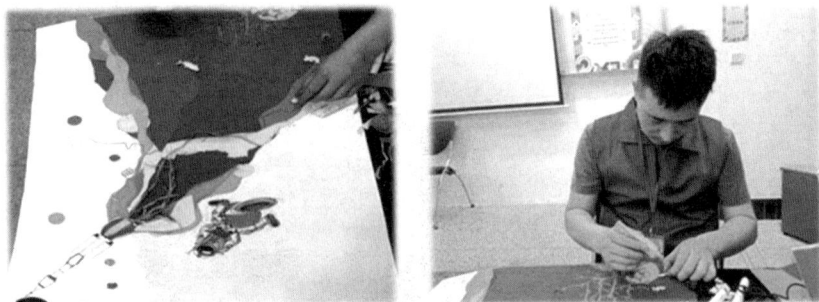

（四）巧妙应用

掌控板

AI摄像头

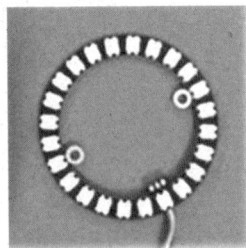

光环板

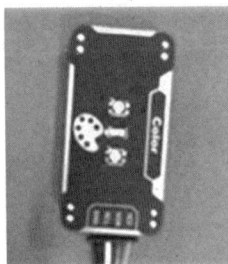

颜色传感器

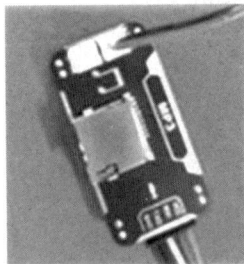

MP3播放器

舵机

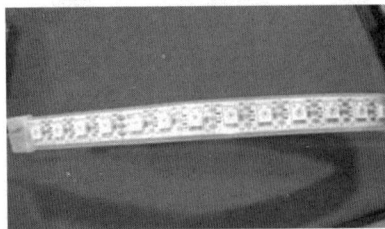

光带

风扇

（五）程序设计

主要包括：1. 潜水器程序；2. 无人驾驶地铁程序；3. 火箭发射程序。

四、作品功能说明

（一）海："蛟龙号"潜艇

（放在力传感器上，显示屏会显示下潜深度。）

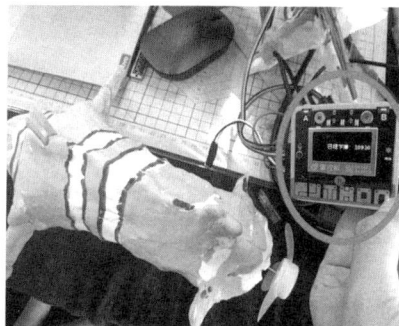

（二）陆："复兴号"列车

（1. 无人驾驶；2. 感应温湿度；3. 人脸识别。）

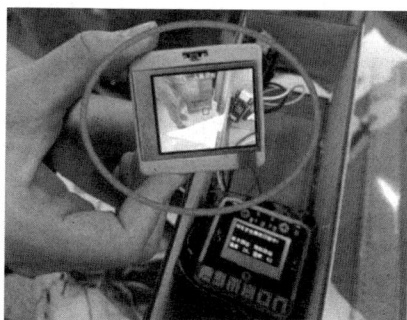

（三）空："神舟号"火箭

（1.倒计时发射语音；2.光环板闪烁亮灯。）

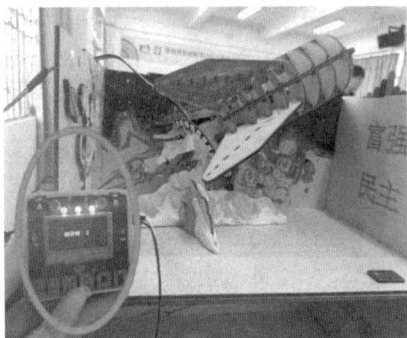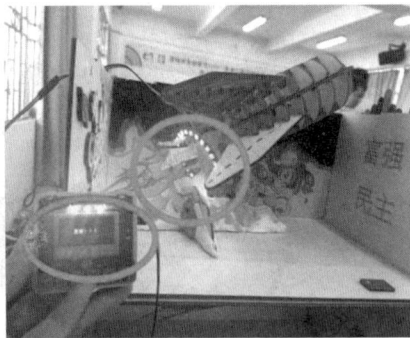

（本设计获深圳市2021年教师创客马拉松竞赛小学组一等奖第一名）

金山碧水新画卷

——美丽中国、智慧先行

深圳市龙华区鹭湖外国语小学　杨诗敏、林泽珊、徐嫣妮、刘诗剑

一、创意来源

（一）作品思考

1. 国家层面：绿水青山就是金山银山。——习近平总书记

2. 文化层面：[北宋]王希孟《千里江山图》

3. 交通层面

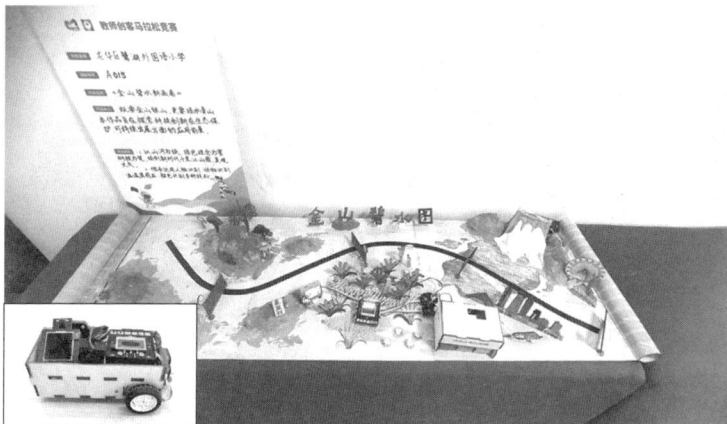

北京西站、黄土沟壑站、水稻田站、三峡大坝站、深圳北站

（二）创意目标

以祖国山河为纸

以绿色理念为墨

以智慧创新为笔

——绘制新时代的千里江山图

二、团队介绍

（一）团队整体

队名：超能"鹭"战队。多学科融合，项目式，突破原有的学科界限。

（二）队员分工

杨诗敏

科学老师

（S）

负责主题构想

激光切割

林泽珊

信息技术老师

（T）

负责程序设计

组装元件

徐嫣妮

美术老师

（A）

负责美学设计

制作海报

刘诗剑

语文、道法老师

（M）

负责演示文稿

制作文案

三、设计步骤

（一）设计规划

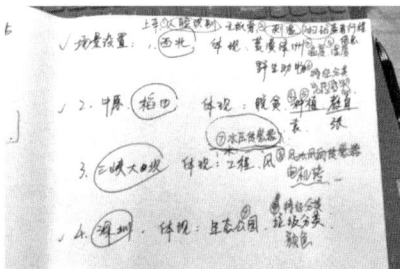

（二）激光切割与组装

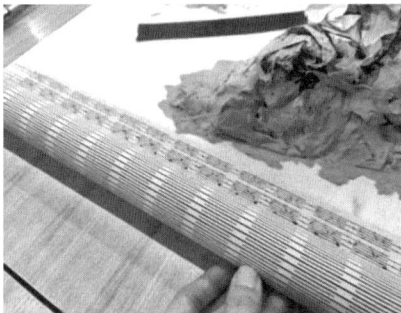

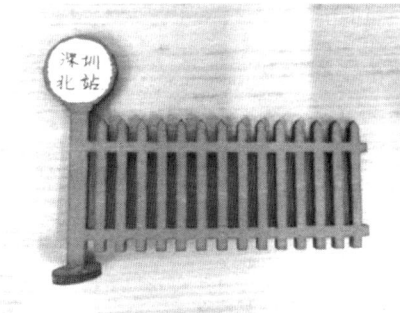

（三）巧思妙用各类设备及材料

（四）程序设计

（五）美学设计

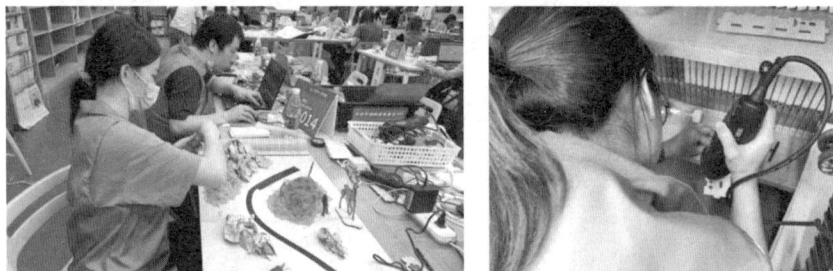

四、功能展示

五、总结反思

这一次比赛，每一位老师都在尝试突破原有的学科界限，比赛虽然结束了，但这是一个新的起点。在今后的教学中，保留下来的是勇往直前的创客精神，延续下去的是跨学科探索的教学实践。

（本设计获深圳市2022年教师创客马拉松竞赛小学组二等奖）

一往情"深"，风华"圳"茂

——"振鹭于飞、咏湖于美"未来校园探索

深圳市龙华区鹭湖外国语小学　张菲菲、古兴东、郑婷、邓驰瀚

一、创客团队

（一）团队名称

团名：E_STAM队，开展STEAM、PBL探索。

（二）成员分工

张菲菲

科学老师（S）

队长

负责主题构想

结构搭建

古兴东

信息技术老师（T）

负责程序设计

模块搭建，组装元件

郑婷

美术老师（R）

负责美学设计

项目笔记撰写

邓驰瀚

数学老师（M）

负责绘制激光切割矢量图

组装搭建

二、设计思想

　　未来校园是很多学校努力的目标和方向，也是深圳教育人应有的使命和担当，更是我们刚新建学校的诗与远方，因此我们以建设"振鹭于飞、咏湖于美"的未来校园作为献给特区成立40周年的最好礼物。

三、制作过程

（一）设计规划

（二）激光切割与组装

（三）美学设计

（四）程序设计及设备调试（主要设计控制声光电程序及智能作业分类控制程序）

四、产品特色

1. 环境优美的花园。校园环境处处鸟语花香，处处是景，依湖而建，建设生态系统，打造鹭栖于湖的生态校园（周围灯光展）、学生伴随着优美音乐漫步校园学习、生活（播放音乐）。

2. 展示才能的乐园。学生可以自由弹奏数字音乐（弹奏音乐、动作），还可以到体育馆强身健体，热了有智能风扇。

3. 智能管理的学园。除了各类智慧教学系统外，根据当前作业催交难，不易统计的问题，我们倾心设计了一个智能作业分类统计系统，学生自助提交，智能识别自动分类，并统计分析情况。

五、总结反思

"振鹭于飞、咏湖于美"的未来校园属于1.0版本。以此次活动为开始，我们将继续前行，不断迭代，未来推出基于人工智能的"振鹭于飞、咏湖于美"未来校园的2.0版本。

例如，在学园中，将利用图像识别技术智能识别作业，并能智能判断，形成错题本，促进学生学习；在乐园中，可以通过语音互动，点播喜欢的歌曲音乐；随时在校园进行AI运动；在花园中，建立智能生态系统，包括无土栽培、太阳能发电、智能养鱼等。

（本设计获深圳市2020年教师创客马拉松竞赛小学组二等奖）

创客马拉松竞赛作品"云栈"解读

深圳市龙华中学（弘毅校区）　李木河、崔航航、梁美芷、刘欢

一、创意来源

深圳这样拥有大量年轻人的城市，十几平方米的房间就成为大多数年轻人的第一个容身之所。蜗居在这样的环境中，生活的成本，房东的压力，以及传统家电太占用空间等原因就导致：一款精致小巧、智能灵动、高效节能的多功能家居产品势在必行。

这是一款集温控、灯光、安防、影视于一体的多功能产品。我们把它命名为云栈，原因是云朵让人联想到仙气飘飘，轻松自在的氛围，而栈的一种含义为房屋，如客栈，在计算机领域中，堆栈更是与数据的存储相关，这就契合了本次"物联世界，智造万物"的竞赛主题。

二、设计思路

我们的产品设计创新点是对传统的单一功能进行加、减、整合从而创造出

新产品。我们可以从功能、程序、结构、场景四个维度展开：

1. 在功能维度，我们实现了语音控制灯光、空调、风扇等硬件，同时我们也设想了火灾预警、投影与监控、依赖体态识别和人脸识别方便残障人士的居家生活；

2. 在程序维度，我们主要使用掌控版和小方舟实现对硬件的控制，并且指令发出后可以得到即时反馈，例如，空调运行后会播报"空调已打开"，由于时间关系，面对不同的个体，空调可以自动调整温度和风速的功能暂时还未实现，后续会补充完整；

3. 在结构维度，我们将椴木板切割成云朵的形状，将所有元器件封装在整个产品中，简洁美观，在下方开出风口方便真实功能的实现，当然如果能采用亚克力板来制作外壳，或者采用磁铁将产品磁悬浮在屋顶，那就会更加贴合主题；

4. 在场景维度，我们对这款产品的定位是它将是未来家庭生活的数据中心、功能中心和服务中心。真正实现物联世界，多能合一。

三、作品展示

四、回顾展望

近些年，深圳市有大量青年人员涌入就业，假如以学校作为试点，随时检验产品的使用效果，不断迭代，我们相信它一定具有较高的推广价值！

（本设计获深圳市2023年教师创客马拉松竞赛小学组二等奖）

第二章　创意编程

我的AI学伴——艾鹭App

深圳市龙华区鹭湖外国语小学　熊晨羽

指导老师　林泽珊

一、作品描述

结合学校的理念之一——面向未来，将人工智能与学校的元素相结合，艾鹭意为AI鹭，这款App融合了AI智能问答助手、AI翻译与AI绘画三项人工智能应用。其中，AI智能问答助手，也就是"鹭小宝"，能够帮助大家更高效地获取信息和知识；AI翻译能够为我们学习外语等提供帮助；AI绘画能够帮助学习绘画，也能够激发我们的创作灵感，是一款实用的软件。

同时，这里的AI智能问答助手可以合理地屏蔽敏感词汇，出错时合理处理报错，丰富了大家的学习生活，是学习的好伙伴。

二、创新之处

1. 聊天功能：能够理解对话的上下文，从而生成更符合语境的回应。它们不再是简单的问答机器人，而是能够参与到真正的对话中，使得交流更加自然和流畅。

2. 文字描述生成图像：用户提供一段文字描述，艾鹭App便能根据这些描述生成对应的图片。这一功能打破了传统图片生成方式的限制，使得图像创作更加便捷和高效。生成的图片不仅符合描述，还具有一定的创意性和多样性，能够激发创作灵感。

3. 多语种互译：支持多种语言的互译，使得跨国交流和学习变得更加容易。无论是中文、英文、法文还是日文，都能轻松实现翻译。

4. 登录界面具备简洁明了、易于操作的特点，方便用户快速完成登录过程。登录界面在保障平台安全、实现权限管理、提供个性化服务等方面发挥着重要作用。

三、作品操作说明

本软件是主要借助编程猫的CoCo编辑器进行创作的App。

该应用首页设有注册和登录功能，这是为了保障用户言行的规范性。用户必须完成登录后，方可使用AI应用，这一举措确保了软件使用的安全性与秩序性。

登录成功后，无论是需要文字创作、图片生成还是语言翻译，用户都可以轻松找到相应的应用入口，向AI应用提供必要的信息或指令。这些应用基于合理的算法与网络连接，与语言模型进行高效沟通，最终将结果以用户友好的方式呈现在前端。

在个人中心页面，用户可以查看和管理个人信息，进行环境的检测，以及进行退出、登录等操作。这些功能不仅方便了用户的使用，也体现了软件的绿色安全理念，为用户提供了一个安全、可靠的使用环境。

四、作品截图

（本设计获2024年粤澳学生信息科技创新大赛计算思维项目一等奖第一名、深圳市第二十一届网络夏令营活动创意编程专项一等奖）

AI知道你是谁

深圳市龙华区鹭湖外国语小学　　林铭莘

指导老师　　林泽珊

一、作品描述

人脸识别技术被广泛应用于安全监控、身份验证、人机交互等领域，人脸识别的工作原理主要包括人脸检测、人脸对齐、人脸特征提取、匹配与识别这些步骤，作者利用源码编辑器创作了人脸识别小应用和动画，把抽象的技术原理编成动画的形式呈现出来。

二、创新之处

1. 直观性：通过图形化编程和动画的形式，将这些复杂的原理以直观、易懂的方式呈现出来，使得即使是非技术背景的观众也能轻松理解人脸识别的工作流程。

2. 互动性：通过参与性的设计，用户可以更加主动地探索人脸识别技术的原理和应用，提高学习效果和体验。

3. 科普性：该作品不仅是一个技术展示，更是一个具有教育意义和科普价值的作品。通过生动有趣的动画形式，向公众普及人脸识别技术的知识，提高大众对技术的认知和理解。

三、作品操作说明

人脸识别小应用的操作过程中，第一步是录入人脸数据库，第二步是检测成员。

第一步：录入人脸数据库。

启动人脸识别小应用，并进入人脸录入界面。

按照应用界面的引导，选择"录入数据库"选项。

按照界面提示，进行多次人脸录入，以确保系统能够准确捕捉和记录人脸特征。

第二步：检测成员。

单击人脸识别小应用的检测成员。

系统会自动启动摄像头，系统会运用人脸识别算法对出现的人脸进行检测和识别。

如果检测到的人脸与数据库中存储的人脸相匹配，系统会识别出该成员的身份，并给出相应的提示或操作。

如果未能识别出成员身份，则识别结果为无。

四、作品截图

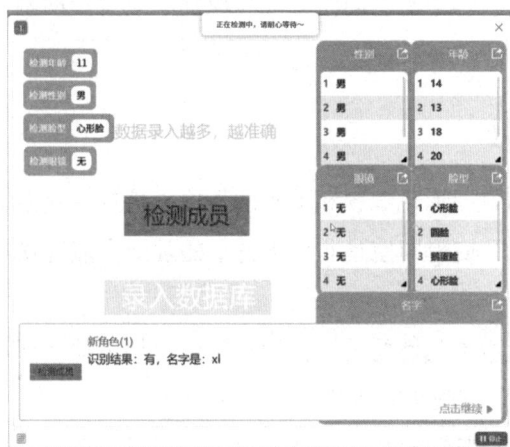

（本设计获第十七届广东省科普作品创作大赛三等奖）

太空快递之科技创造生活

深圳市龙华区鹭湖外国语小学　蔡睿轩

指导老师　古兴东

一、作品描述

在超强智能的时代，智能机器人的改进可以使人们的生活更加低碳、节能、环保。初衷是为了使人们更加重视万物互联，开发太空快递，倡导与自然共生，共同造福人类。作品运用了源码编辑器中的事件、控制、动作、外观、声音、侦测与运算的模块，加上作者对未来科技的一些美好创意来编制完成，希望大家能够喜欢。

二、创新之处

1. 未来，人类远程操控无人机，完成太空快递。首先进行"体感控制无人机"训练，成为一名合格的无人机驾驶员。

2. 无人机用空间曲率引擎的方式驱动，可以瞬间加速减速。在万物互联的基础下，货物都自动归类在仓库里对应的区域，无人机可以精准定位货物的相对位置并直接转载在无人机的机舱中。

3. 1号无人运输机有特定的外壳，可以吸收空气中的氮气，而转化成曲率驱动的推进能源。

4. NaNa机器人可以吸收稀薄大气，并把它转换成无工质引擎的燃料，不会污染环境。

5. 每个城市都有一个大型的机器人托塔，托塔接受每台无人运输机传送的物品，并通过1号传输带和2号传送带分别运送到塔顶仓储室由NaNa机器人或无人机传送飞升。

6. 本作品还可以通过Python、C、C++、JAVA等编程语言做进一步的改进。

三、作品操作说明

1. 玩"体感控制无人机"时，先把摄像头打开对准自己的方向，手和身体可以随意地上下左右摆动，无人机会随着手的摆动漂移，坚持30 s以上就算成功。游戏可多人互动。

2. 通过鼠标、键盘完成其他互动游戏。

3. 点击启动按钮，就可以顺畅地看完编程作品。

四、作品截图

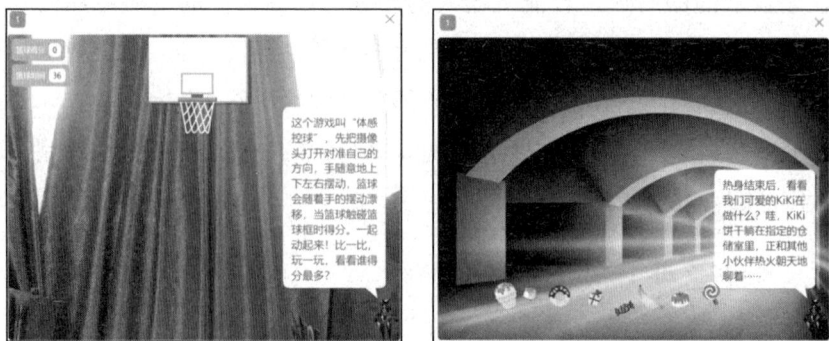

（本设计获第三届深圳市青少年科技运动会创意编程项目一等奖）